Springer-Lehrbuch

Springer-Verlag Berlin Heidelberg GmbH

Hans-Georg Bremer

Digitaltechnik interaktiv!

Mit DesignLab 8.0 und 7.1
(evaluation version)

Mit 103 Abbildungen und CD-ROM

 Springer

Prof. Hans-Georg Bremer
Wilhelm-Leibl-Straße 5
D-64569 Nauheim

Additional material to this book can be downloaded from http://extras.springer.com.

ISBN 978-3-540-64104-9

Die Deutsche Bibliothek – CIP-Einheitsaufnahme
Digitaltechnik interaktiv!: mit DesignLab 8.0 und 7.1 (evaluation version) /
Hans-Georg Bremer. – Berlin; Heidelberg; New York; Barcelona; Budapest;
Hongkong; London; Mailand; Paris; Singapur; Tokio: Springer
(Springer-Lehrbuch)
ISBN 978-3-540-64104-9   ISBN 978-3-642-58945-4 (eBook)
DOI 10.1007/978-3-642-58945-4
Buch. 1998 brosch.   CD-ROM. 1998

Umschlaggestaltung: design & production GmbH, Heidelberg
Satz: Datenkonvertierung durch perform, Heidelberg
SPIN: 10664791   33/3142 543210   Gedruckt auf säurefreiem Papier

Vorwort

Neben Lehrbüchern erscheinen heute auf dem Aus- und Weiterbildungssektor Lernprogramme, die gegenüber dem Buch zusätzlich Multimedia-Fähigkeiten bieten. Auf dem Bildschirm erscheinen also nicht nur Text und Bilder, sondern mittels Ton und Animation lassen sich auch komplexe Anwendungen in ihrem zeitlichen Verlauf anschaulich darstellen und erläutern. Interaktive Simulation, bei der der Benutzer durch Veränderung der Parameter die Auswirkungen auf einen bestimmten Prozeß in einfacher Weise untersuchen kann, ergeben einen sehr viel tieferen Einblick in die Materie, als dies mit einem Lehrbuch möglich ist.

Auf Grund solcher Überlegungen entstand an der Fachhochschule Wiesbaden in Rüsselsheim auf der Basis von Diplomarbeiten das Lernprogramm Digitaltechnik.

Die erfolgreiche Durcharbeitung des Lernprogramms liefert theoretische Grundkenntnisse der Digitaltechnik. Was noch fehlt, sind experimentelle Übungen, um das erlangte Wissen an selbst erstellten Schaltungen anzuwenden und zu überprüfen. Ein echter Hardware-Aufbau der entwickelten Schaltung dürfte schon aus Kostengründen entfallen, da hierzu u. a. ein teures Oszilloskop erforderlich wäre.

Auch hier bietet sich eine Software-Lösung an: das Design Center. In der neuesten Version wird es als DesignLab bezeichnet. Es handelt sich dabei um die Windows-Version von PSpice, dem bekannten Netzwerkanalyseprogramm der amerikanischen Firma MicroSim Corporation, welches seit vielen Jahren in der Industrie und an Hochschulen erfolgreich eingesetzt wird und so zum De-facto-Industriestandard geworden ist. Neben analogen Schaltungen können mittels DesignLab auch digitale Schaltungen sowie Schaltungen, welche sowohl analoge als auch digitale Bausteine (Mix-Mode) enthalten, untersucht werden.

Die Vollversion des sehr leistungsfähigen Programmpaketes hat ihren Preis. Sie kommt daher für einen Studenten nicht in Frage. MicroSim bietet jedoch großzügig eine frei kopierbare Demo-Version (Evaluation-Software) an, welche so leistungsfähig ist, daß alle für eine Einführung in die Digitaltechnik zu behandelnden Schaltungen untersucht werden können. Sollte die Demo-Version zur Lösung eines komplexeren Problems nicht ausreichen, so steht im allgemeinen die Vollversion an der Hochschule oder im Betrieb zur Verfügung. Wichtig ist dabei, daß am teuren Arbeitsplatz sofort effektiv gearbeitet werden kann, da Bedienung und Handhabung des sehr komplexen Programmpaketes bekannt sind, die Einarbeitungszeiten entfallen und viele Vorarbeiten bereits am eigenen PC durchgeführt werden können.

Diesem Buch liegt die Version 7.1 des DesignLab zugrunde, wobei der Übergang auf die gerade erschienene Version 8.0 mit berücksichtigt worden ist. Da auch die dazugehörigen Demo-Versionen trotz Beschränkungen sehr leistungsfähig und damit außerordentlich komplex sind, wurden die Grundlagen so aufbereitet, daß zunächst nur das zur Untersuchung digitaler Schaltungen erforderliche Basiswissen herausgestellt wird. Damit soll ein unerfahrener Benutzer sich ohne großen Zeitaufwand schnell mit der Arbeitsweise des Programms und der effektiven Vorgehensweise bei der Entwicklung und Untersuchung digitaler Schaltungen vertraut machen können. Genau beschriebene Beispiele mit allen erforderlichen Voreinstellungen und Eingaben erleichtern die Einarbeitung und liefern praktische Erfahrung durch „learning by doing".

Da Lernprogramm und DesignLab gleichzeitig auf dem PC laufen und so zwischen beiden Programmen gewechselt werden kann, ist es möglich, das mittels Lernprogramm erworbene theoretische Wissen an mitgelieferten „fertigen Schaltungen mit allen erforderlichen Signalquellen und Meßgeräten" sofort „praktisch" zu überprüfen. Diese Schaltungen sind erfolgreich getestet. Es entfallen daher die beim Schaltungsaufbau unvermeidbaren Schaltungsfehler mit entsprechendem Frust. Dabei können in einfacher Weise Parameter geändert oder andere Bausteine benutzt werden, um die Auswirkungen auf bestimmte Variablen zu untersuchen. Auf diese Weise werden nicht nur theoretische Kenntnisse vermittelt, sondern auch wertvolle praktische Erfahrungen gesammelt.

Obwohl das Lernprogramm zunächst für Studenten an Fachhochschulen gedacht war – zusätzlich zur Vorlesung und vor allem zur Prüfungsvorbereitung – kann es in dieser Kombination mit dem DesignLab als eigenständiges Programm erfolgversprechend auch bei anderen Institutionen zur Aus- oder Weiterbildung oder aber zur Auffrischung von Kenntnissen der Digitaltechnik verwendet werden. Besondere Vorkenntnisse sind dabei nicht erforderlich.

Die ehemaligen Studenten der FH Wiesbaden, die Herren Thomas Neuhaus, Wolfgang Ulbricht, Michael Söhngen, Alexander Jordan, Martin Hund, Achim Clemens und Jörg Stierstorfer erstellten mit ihren Diplomarbeiten die Grundlagen des vorliegenden Werkes. Ihnen sei herzlich gedankt für ihren außergewöhnlichen Einsatz, die geleistete Arbeit und für die sehr gute Zusammenarbeit.

Ich danke auch Frau Silvia Weber und Frau Stefanie Hoffmann, die uns ihre sympathischen Stimmen für die Kommentare liehen und so zum Gelingen beitrugen.

Mein besonderer Dank gilt Herrn Pontius von der Firma Hoschar in Karlsruhe. Ohne seine Hilfe wäre das Projekt in dieser Form nicht möglich gewesen. In Verbindung mit der Firma MicroSim Corporation (USA) stellte er die Testversion (Evaluation-Software) Design Center bzw. DesignLab in sehr großzügiger Weise zur Verfügung.

Frau Ursula Zimpfer, Frau Gabriele Fischer und Herrn Hermann Engesser vom Springer Verlag danke ich herzlich für die konstruktive Zusammenarbeit und die wertvolle Hilfe bei der Entstehung des Buches.

Ich hoffe, daß dieses Werk dem Benutzer den Einstieg in die Digitaltechnik erleichtert und wünsche ihm dabei viel Erfolg.

Nauheim, im Juni 1998   Hans-Georg Bremer

Inhaltsverzeichnis

1 Einführung

In der heutigen Zeit, wo auch bei einem Studenten der Computer zum alltäglichen und jederzeit nutzbaren Werkzeug geworden ist, ergeben sich für die Aus- und Weiterbildung zusätzliche Möglichkeiten. Zu den Printmedien, z. B. in Form von Lehrbüchern, hat sich die Lernsoftware gesellt, welche eine interaktive Arbeitsweise ermöglicht. Sound, Animationen und das Einbinden von Videos ergänzen das Ganze zu einem Multimedia-System.

Da keine Mittel zum Kauf eines leistungsfähigen Autorensystems zur Verfügung standen, legten im Sommer 1994 Thomas Neuhaus und Wolfgang Ulbricht im Rahmen ihrer Diplomarbeiten an der Fachhochschule Wiesbaden den Grundstein zur Entwicklung eines eigenständigen Systems. Nach der Festlegung von didaktischen Merkmalen, die ein Lernprogramm aufweisen sollte, bestand ihre weitere Überlegung darin, eine ausbaufähige interaktive Lernsoftware- Oberfläche zu entwickeln. Hierbei wurde dann die Programmiersprache Borland Pascal mit Objekten 7.0 ausgewählt. Am Ende ihrer Diplomarbeit stand das Gerüst einer funktionsfähigen Lernsoftware, inklusive eines Anwendungsbeispiels zum Bereich „Konstruktion und Anwendung von Ortskurven", zur Verfügung.

Michael Söhngen entwickelte im Rahmen seiner Diplomarbeit im Wintersemester 1994/95 dieses Programmgerüst weiter. Seine Aufgabe bestand darin, das Programm so zu gestalten, daß ein Anwender ohne Programmierkenntnisse in der Lage ist, ein Lernprogramm auf dieser Basis zu einem beliebigen Themengebiet effizient zu erstellen. Auf Grund dieser Anforderungen entstand das Teachware-Entwicklungssystem (TWEWS).

Dieses „Autorensystem" kann man sich zunächst als leeres Buch vorstellen. In das zugehörige Steuerprogramm ist dann vom Autor einzutragen, **was** (welcher Text, welche Grafik oder welche Animation) **wo** (auf welcher Seite, an welcher Stelle) in welcher **Art** (Text- oder Grafikfenster) und in welcher **Größe** (großes oder kleines Text- bzw. Grafikfenster) vorzusehen ist. Außerdem ist anzugeben, wo WAV-Dateien abzuspielen sind.

Auf der Basis dieses TWEWS erstellte Michael Söhngen dann das Lernprogramm **Digitaltechnik 1**, das die Grundlagen der Digitaltechnik umfaßt.

Die Diplomarbeit von Alexander Jordan ist eine Weiterentwicklung der vorangegangenen Arbeiten zu TWEWS und umfaßt u.a. die Gestaltung zusätzlicher Fensterformate, die es ermöglichen, auch komplexere Sachverhalte darstellen zu können. Weiterhin wurde es im Rahmen dieser Diplomarbeit erst möglich, externe Programme aus der Teachwareoberfläche heraus aufzurufen. Dies erlaubt beispielsweise das Einbinden bereits vorhandener Programme. Eine Anwendung dieses überarbeiteten Teachware-Entwicklungssystems stellt das Programm **Digitaltechnik 2** dar, das ebenfalls im Rahmen dieser Diplomarbeit entstanden ist. Es

beinhaltet die Entwicklung von einfachen Rechenschaltungen bis zum programm-
gesteuerten Computer. Außerdem wird in die Fuzzy-Logik eingeführt (Diplomarbeit von Jörg Stierstorfer).

Erfolgreich getestet wurden die Programme auf verschiedenen Rechnern mit
den Betriebssystemen Windows 3.1 bzw. Windows 95/NT.

2 Installation des Lernprogramms Digitaltechnik

Das Lernprogramm Digitaltechnik besteht aus den beiden Teilen **Digitaltechnik 1** und **Digitaltechnik 2**, welche sich in den Unterverzeichnissen **DIGI1** bzw. **DIGI2** der beiliegenden CD-ROM befinden. Die Dateien auf der CD sind nicht gepackt. Dies hat den Vorteil, daß die Programme direkt von der CD gestartet werden können, ohne sie vorher auf die Festplatte installieren zu müssen. Es entfällt damit eine Deinstallation mit dem kaum vermeidbaren „Datenmüll".

Zum **Starten** des Lernprogramms sind folgende Schritte auszuführen:

1. Starten Sie Windows.
2. Legen Sie die CD in das entsprechende Laufwerk und verriegeln Sie dieses.
3. Wählen Sie die Option Datei/Ausführen im Programmanager.
4. Tippen Sie ein: **f:\digi1\digi1.exe** bzw. **f:\digi2\digi2.exe**, wobei f der angenommene Name des CD-ROM-Laufwerkes ist.
5. Durch Anklicken der OK-Taste wird das Fenster geschlossen und das Programm gestartet.

Selbstverständlich kann das Lernprogramm auch fest installiert werden, indem die Dateien auf die Festplatte kopiert werden und eine neue Programmgruppe aufgemacht wird. Benötigt werden dann knapp 60 MB Speicherplatz.

Die **Installation** des **DesignLab** ist in Kapitel 9 ausführlich dargestellt. Da das DesignLab **gleichzeitig** mit dem Lernprogramm laufen soll, ist die Installation vor dem Starten des Lernprogramms vorzunehmen.

Bildschirmauflösung

Um einen möglichst umfangreichen Einsatz zu garantieren, wurde „nur" VGA-Standard (Bildschirmauflösung 640 x 480 Bildpunkte) mit 16 Farben bei der Programmierung und den entwickelten Bitmaps zugrunde gelegt. Wird mit einer höheren Auflösung gearbeitet, so werden die pixelorientierten Grafikbilder **kleiner** dargestellt und der Bildschirm wird nicht optimal ausgenutzt.

3 Aufbau des Lernprogramms Digitaltechnik

Da beide selbständigen Programmteile **Digitaltechnik 1** und **Digitaltechnik 2** mit Hilfe des Teachware-Entwicklungssystems erstellt wurden, haben sie daher auch prinzipiell den gleichen Aufbau, wobei Digitaltechnik 2 noch zusätzliche Möglichkeiten beinhaltet.

3.1 Aufteilung der Lerninhalte

Das gesamte Stoffgebiet ist jeweils in Abschnitte oder Themenbereiche unterteilt. Diese bestehen aus mehreren Kapiteln, die wiederum einzelne Lektionen enthalten. Durch die Auswahl eines Abschnittes und eines bestimmten Kapitels kann mit einer beliebigen Lektion begonnen werden.

3.2 Darstellung der Lerninhalte

3.2.1 Farbgestaltung

Bei der Darstellung der einzelnen Lerninhalte wurde besonderer Wert auf die Farbgestaltung gelegt. So sind in der Regel die Eingangsgrößen von Schaltungen und Rechnungen blau oder dunkelblau dargestellt. Die Ausgangsgrößen sind nach Möglichkeit in rot angegeben. Für interne Größen, wie zum Beispiel Überträge, ist nach Möglichkeit grün gewählt worden. Außerdem sind einige Textpassagen zum besseren Verständnis farbig gestaltet worden. Falls der Text sich auf Schaltungen oder Rechnungen bezieht, wurde darauf geachtet, daß die Farbgebung des Textes mit der der Schaltung oder Rechnung übereinstimmt.

3.2.2 Animationen

Für die zeitliche Darstellung komplizierter Sachverhalte sind in der Regel Animationen verwendet worden. Dies hat den Vorteil, daß dem Studierenden jeder einzelne Schritt eines Gesamtablaufes visuell in korrekter, zeitlicher Reihenfolge veranschaulicht wird. Zusätzlich werden parallel zu den Animationen WAV-Dateien abgespielt, die die Vorgänge am Bildschirm zusätzlich erklären und auf wichtige Ereignisse hinweisen. Es ist zu erwähnen, daß gestartete Animationen aus programmtechnischen Gründen nicht unterbrechbar sind. Das heißt, angewählte Animationen laufen komplett durch. Animationen können nach Ablauf durch einen DEMO-Button im Animationsfeld oder durch einfaches Vorwärts- oder Rückwärtsblättern beliebig oft gestartet werden. Damit der Programmbenutzer nicht versehentlich eine Animation beim einfachen Vorwärtsblättern auslöst, wird auf der Seite **vor** jeder Animation ausdrücklich auf diese hingewiesen. Dies hat den Vorteil, daß der Lernende ihr durch Überspringen mit Hilfe der Kapitel-Inhaltsdialoge ausweichen kann. Ein weiterer Vorteil besteht darin, daß vor jeder Animation das erste Bild dieser Animation angezeigt wird. Der Studierende kann sich so schon auf den nachfolgenden Ablauf vorbereiten, und es wird somit ein höherer Lerneffekt beim ersten Durchlauf der Animation erzielt.

3.2.3 Lernabfragen

Einen der wichtigsten Teile eines Lernprogramms stellt die Lernkontrolle dar. Der Lernende erfährt hier, wieviel er von dem zu vermittelnden Lernstoff verstanden hat und wo seine Schwächen liegen. Auf den letzten Seiten jedes Kapitels findet daher eine Wissensüberprüfung statt. Es werden die wichtigsten Lerninhalte anhand von Multiple-choice-Fragen oder Frage-Antwort-Dialogen geprüft. Nach Abschluß jedes Kapitels, in dem vom Anwender Fragen beantwortet wurden, erscheint ein Bewertungsdialog. Aus ihm ist ersichtlich, wie viele Fragen richtig, und wie viele falsch beantwortet wurden. Außerdem wird noch eine Trefferquote der richtigen Antworten in Prozent angegeben. Dies soll dem Studierenden als zusätzliche Motivation dienen. Zum Ansporn werden zu jeder Lernabfrage WAV-Dateien abgespielt. Es gibt hier spezielle Sounds, die in Abhängigkeit von richtigen oder falschen Antworten zu gestellten Fragen per Zufallsprinzip zu hören sind.

3.2.3.1 *Multiple-choice-Abfrage*

Der Inhalt der einzelnen Multiple-choice-Aufgaben besteht meist aus einer Anzahl von verschiedenen Aussagen zum behandelten Themenbereich. Die einzelnen Aussagen (hiermit können auch Schaltbilder oder Berechnungen gemeint sein) sind auf einzelne Antwortfelder verteilt. Zur Beantwortung einer Frage muß der Anwender mit der Maus in das entsprechende Feld klicken. Bei der Beantwortung der Fragen sollte genau auf die Fragestellung geachtet werden, da sie des öfteren variiert.

Beispiel:
1. Bitte wählen Sie das Feld aus, in dem <u>alle</u> Aussagen <u>richtig sind</u>!
2. Bitte wählen Sie das Feld aus, in dem <u>mindestens eine</u> Aussage <u>falsch</u> ist!

3.2.3.2 *Frage-Antwort-Dialoge*

Bei Lernabfragen in der Form von Frage-Antwort-Dialogen, werden die Antworten in Form von Zahlen und Buchstaben über die Tastatur in ein entsprechendes Dialogfeld eingegeben. Die Fragen beziehen sich zum größten Teil auf eingeblendete Bitmaps. Auf ihnen sind Schaltungen dargestellt oder durchnumerierte Aussagen zu vorangegangenen Themen des aktuellen Kapitels. Eine andere Art von Frage-Antwort-Dialogen bezieht sich lediglich auf die im Dialogfeld gestellte Frage (hier wird nur das Dialogfeld angezeigt). Die Antwort zu den gestellten Fragen kann sowohl eine einzelne Zahl oder ein Buchstabe als auch eine Zahlen- oder Buchstabenfolge sein.

Der Vorteil einer solchen Fragestellung liegt darin, daß der Programmbenutzer die korrekte Lösung in den Antwortdialog eingeben muß und somit kaum durch einfaches Probieren zur Lösung gelangt.

Während eines Frage-Antwort-Dialoges sind die Funktions-Buttons der Menü- und Knopfleiste der Teachwareoberfläche wirkungslos. Es ist also nicht möglich, im Gegensatz zu Multiple-choice-Aufgaben, mit den Tasten <Zurück> und <Weiter> der gestellten Frage auszuweichen.

Um den Dialog abzubrechen bestehen zwei Möglichkeiten:

1. Eingabe der richtigen Antwort in das Dialogfeld und mit dem OK-Button bestätigen.

2. Betätigen des Abbruch-Buttons im Dialogfeld. Es wird auf eine andere Seite geblättert. Die Richtung des Blätterns ist abhängig von dem letzten Blättern, bevor der Dialog aufgerufen wurde. Ist vorwärts geblättert worden, so wird bei einem Dialogabbruch nach aufsteigenden Seitenzahlen fortgefahren, andernfalls nach absteigenden.

3.3 Das Hilfesystem

Bei der Erstellung des Lernprogramms wurde besonderer Wert auf ein leistungsstarkes kontextsensitives Hilfesystem gelegt. Dem Programmbenutzer steht eine allgemeine Hilfe sowie eine kapitelbezogene Hilfe zur Verfügung. Durch Drücken der <F1>-Taste oder Anklicken des Menüpunktes **HILFE** in der Menüleiste der Teachwareoberfläche gelangt der Anwender in die allgemeine Hilfe des Lernprogramms. Hier wird dem Benutzer kontextsensitiv eine Auswahl an Hilfetexten zu den Problemen bereitgestellt, die ihn gerade betreffen können. Falls der Studierende nicht wissen sollte, wie ein Hilfesystem unter Windows zu bedienen ist, wählt er einfach den Menüpunkt „**Hilfe zur Windows-Hilfe**" und bekommt dort die weiteren, für ihn wichtigen Informationen. Der Aufruf einer kapitelbezogenen Hilfe kann nur erfolgen, wenn der Anwender sich innerhalb eines geöffneten Kapitels befindet. Er wird durch einen Mausklick auf den **<Hilfe>** -Button ausgelöst. Hier werden dem Studierenden ausschließlich Hilfestellungen zur Beantwortung von Fragen innerhalb einer Lernkontrolle des aktuellen Kapitels gegeben. Aus programmtechnischen Gründen kann während der Zeit, in der Dialoge angezeigt werden, keine Hilfe aufgerufen werden. In diesem Fall ist der Programmbenutzer dazu angehalten, den Dialog zu beenden und **danach** den gewünschten Hilfeaufruf einzuleiten.

4 Digitaltechnik 1

Dieser Teil des Lernprogramms beinhaltet die eigentlichen Grundlagen der Digitaltechnik und umfaßt folgende Themenbereiche:

- Grundlagen
- Codes
- Sequentielle Schaltungen
- Wandler

Handhabung des Lernprogramms

Vor dem Durcharbeiten des Lernprogramms soll an dieser Stelle zunächst ausführlich die Handhabung erläutert werden.

Starten Sie bitte das Lernprogramm bei eingelegter CD-ROM über

Ausführen >>f:\digi1\digi1.exe,

wobei f der angenommene Name des CD-ROM-Laufwerkes ist. Das Lernprogramm wird geladen und es erscheint das folgende Eingangsmenü mit den angegebenen Themenbereichen.

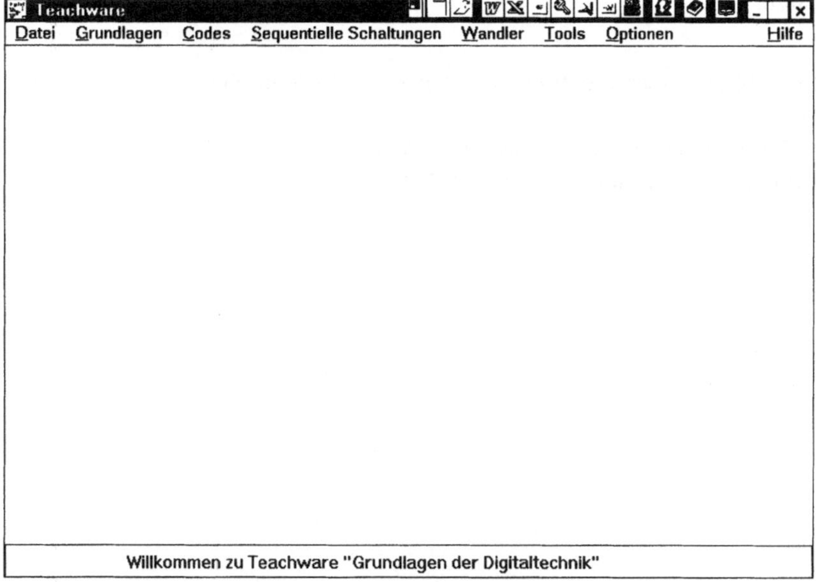

Abb. 4.1. Eingangsmenü des Lernprogramms Digitaltechnik 1

4.1 Themenbereich Grundlagen

Klicken Sie in der Menüleiste auf *Grundlagen* und es öffnet sich ein Pulldown-Menü mit den zugehörigen Kapiteln (s. Abb. 4.2)

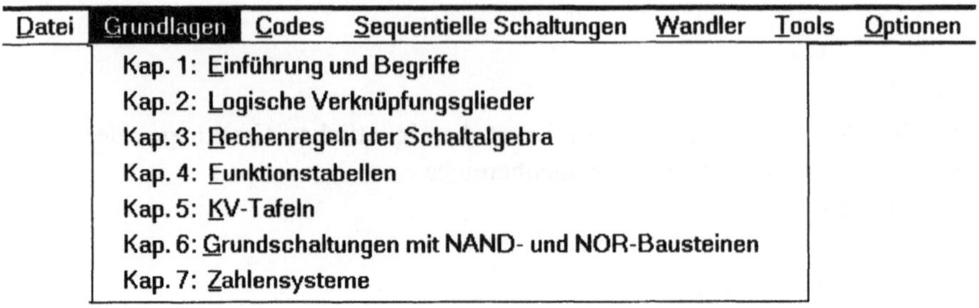

Datei	Grundlagen	Codes	Sequentielle Schaltungen	Wandler	Tools	Optionen

Kap. 1: Einführung und Begriffe
Kap. 2: Logische Verknüpfungsglieder
Kap. 3: Rechenregeln der Schaltalgebra
Kap. 4: Funktionstabellen
Kap. 5: KV-Tafeln
Kap. 6: Grundschaltungen mit NAND- und NOR-Bausteinen
Kap. 7: Zahlensysteme

Abb. 4.2.   Oberfläche nach Anklicken des Themenbereiches Grundlagen

4.1.1 Kapitel 1: Einführung und Begriffe

Dieses Kapitel dient als Einführung und definiert die folgenden Begriffe:

- Schaltalgebra
- Binäre (zweiwertige) Signale und ihre Darstellung
- Schaltfunktionen
- KV-Tafeln
- Gatter

Eine Lernabfrage über die Eigenschaften eines binären Signals schließt das Kapitel ab.

Klicken Sie bitte auf **Kap. 1 ...**, es öffnet sich ein weiteres Fenster, das die zu Kapitel 1 gehörenden Lektionen anzeigt (s. Abb. 4.3).

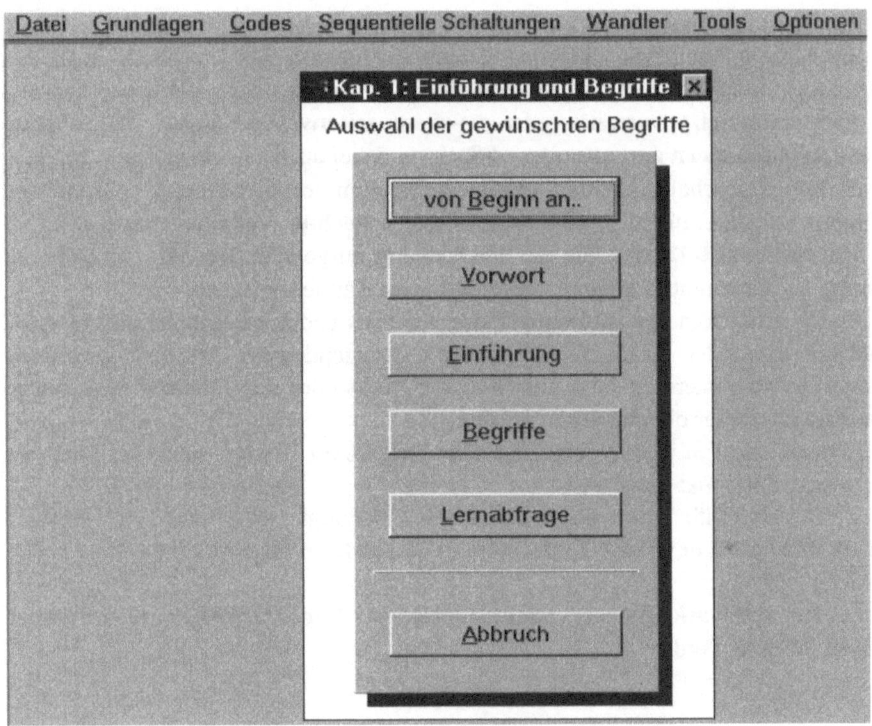

Abb. 4.3. Kapitel 1 des Themenbereiches Grundlagen mit den zugehörigen Lektionen

Ebenso wie bei den Themenbereichen ist auch bei den Lektionen eine **freie Auswahl** gewährleistet.

Klicken Sie z.B. auf Lektion *Einführung*, so wird das folgende Fenster geöffnet:

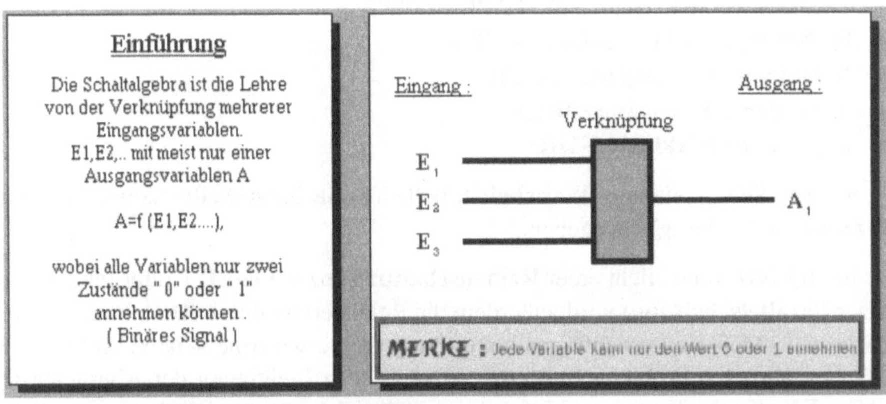

Abb.4.4.   Inhalt von Seite 3 des 1.Kapitels

Die Arbeitsoberfläche, wie sie Abb. 4.4 zeigt, stellt sozusagen eine „Lehrbuchseite" dar. Mit Hilfe der Knöpfe am unteren Bildschirmrand kann der Anwender Aktionen auslösen. Mit den Tasten **<Zurück>** bzw. **<Weiter>** kann er in dem „Lehrbuch" vorwärts- oder rückwärts **seitenweise** blättern. Über **Optionen / Seitenblättern an / aus** oder **<F8>** kann dabei auch ein akustisches „Blätterrascheln" eingeschaltet werden. Wird ein Taschenrechner benötigt, so kann der Windows-Rechner durch Anklicken der Taste **< Rechner>** aktiviert werden.

Mit der **Inhalt-Taste** kann ein Inhaltsdialog aufgerufen werden, mit dem ein Sprung auf bestimmte Lektionen des geöffneten Kapitels möglich ist.

Durch Anklicken der **Abbruch-Taste** wird das geöffnete Kapitel geschlossen, und der Anwender erhält die Möglichkeit, in irgendeinem Abschnitt ein neues Kapitel auszuwählen. Er kann mit Hilfe der **Maus** oder der **Tastatur** bestimmen, **welches** Kapitel er durcharbeiten möchte.

Anmerkung: Ein Kapitel kann nur dann aufgerufen werden, wenn kein anderes zu diesem Zeitpunkt geöffnet ist.

Wird eine Hilfe innerhalb eines Kapitels benötigt, so gelangt der Benutzer durch Betätigung der **Hilfe-Taste** oder **<F1>** direkt in die kapitelbezogene Hilfefunktion.

Bei den **Animationen** kann mittels **Optionen / Verzögerung** ein **langsamerer** Ablauf erreicht werden.

4.1.2 Kapitel 2: Logische Verknüpfungsglieder

Für die drei Grundbausteine

- **Inverter** (Negation oder NICHT)
- **UND** (Konjunktion)
- **ODER** (Disjunktion)

  sowie die davon abgeleiteten wichtigen Gatter

- **NAND** (Not AND = negiertes UND)
- **NOR** (Not OR = negiertes ODER)
- **Antivalenz (Exklusiv-ODER)**
- **Äquivalenz (Exklusiv-NOR)**

  werden **Schaltzeichen, Wahrheitstabelle (Funktionstabelle)** sowie **Schaltfunktion (Gleichung)** angegeben.

Beim **UND**- (entspricht einer **Reihenschaltung**) bzw. **ODER**-Gatter (entspricht einer **Parallelschaltung**) wird außerdem die Realisierung durch Kontaktnetzwerke dargestellt. Mehrere Lernabfragen kontrollieren das erworbene Wissen. Sollten bei den Lernabfragen Probleme auftreten, so kann nach Betätigung der Abbruchtaste über **<F1>** (kontextbezogene Hilfe) der ausführliche Lösungsweg betrachtet werden.

Arbeiten Sie bitte die einzelnen Lektionen dieses Kapitels sorgfältig durch und versuchen Sie, sich die Kenndaten (Schaltzeichen, Gleichung und Wahrheitstabelle) der einzelnen Gatter einzuprägen !

Aufgabe 1
Vervollständigen Sie bitte die folgende Tabelle, die zusammengefaßt die Wahrheitstabellen, Schaltzeichen sowie die Bezeichnungen der gebräuchlichsten Bausteinfamilie (TTL = Transistor - Transistor - Logik) obiger Verknüpfungsglieder enthält.

NR	Eingangsvar.		Ausgangsgröße A bei den einzelnen Logikgattern					
	E2	E1	UND	ODER	NAND	NOR	Antivalenz	Äquivalenz
0	0	0						
1	0	1						
2	1	0						
3	1	1						
	Schaltzeichen							
	TTL-Baustein							

Tabelle 4.1. Eigenschaften der wichtigsten Gatter

Aufgabe 2
Welcher Baustein liefert an seinem Ausgang ein Eins-Signal, wenn nur an einem Eingang eine Eins anliegt ?

Neben der Schaltfunktion und der Wahrheitstabelle kann das **logische Verhalten** von Bausteinen oder ganzen Schaltungen auch durch **Zeitliniendiagramme** beschrieben werden. Die **Nummern** in Tabelle 4.1 werden hierbei als **Zeitpunkte** (t_0 bis t_3) aufgefaßt, in denen die in Abhängigkeit von der **Zeit** dargestellten Eingangsvariablen bestimmte Werte (Zustände) aufweisen. Zur eindeutigen Beschreibung sind auch hier **alle** möglichen Kombinationen erforderlich.

Für ein UND-Gatter mit zwei Eingängen sieht das Zeitliniendiagramm wie folgt aus:

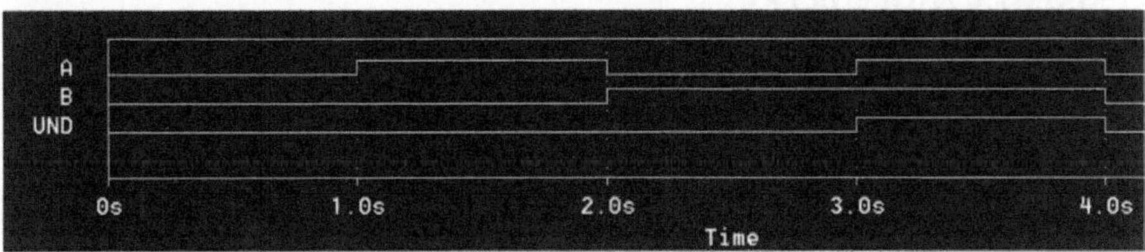

Abb. 4.5.   Zeitliniendiagramm eines UND-Gatters

Zum besseren Verständnis sind in Abb. 4.6 noch zusätzlich die gewichtete Summe der Eingangsgrößen A und B sowie eine Zeigerlinie (Cursor) eingetragen, und links an der Ordinatenachse sind die Werte der Variablen eingeblendet, welche in dem Zeitpunkt, der mit dem Cursor gerade eingestellt ist, momentan vorliegen. Außerdem wurden die Farben invertiert.

A ist das niederwertige Bit und hat die Wertigkeit oder das Gewicht EINS, B ist das höherwertige Bit und hat das Gewicht ZWEI. Der Cursor steht auf ca. 1,5 s. In diesem Zeitpunkt ist nur A (mit dem Gewicht EINS) gesetzt, also wird 1 angezeigt. Wären sowohl A wie auch B gesetzt, so würde die maximale Summe 3 erscheinen.

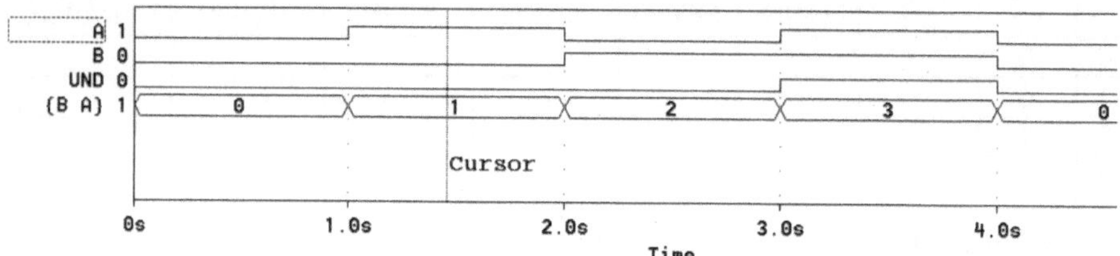

Abb. 4.6. Ergänztes Zeitliniendiagramm des UND-Gatters

Bei dieser Darstellung mit Hilfe der Nummern ist die Übereinstimmung zwischen Wahrheitstabelle und Zeitliniendiagramm sofort ersichtlich.

Die Zeitliniendiagramme der wichtigsten Digitalbausteine können Sie mit dem DesignLab und den auf der CD enthaltenen Dateien in einfacher Weise untersuchen. Gehen Sie dabei wie folgt vor:

- Minimieren Sie das aktuelle Fenster des Lernprogramms auf Symbolgröße durch Klicken auf ▬ in der rechten oberen Ecke des Fensters (Windows 95).
- Starten Sie **Schematics** über
    Start >> Programme >>MicroSim Eval 7.1>> Schematics
- Haben Sie <u>keine</u> Änderung der Library vorgenommen (s. Kapitel 9 „Installation des DesignLab"), so laden Sie mittels *File >>Open* die Datei **ZEITL.sch** aus dem Verzeichnis **MSIMEV71\EVALDAT.**

- Andernfalls (die DIN-Library wurde eingebunden!) laden Sie mittels *File >>Open* die Datei **DINZEITL.sch** aus dem Verzeichnis **MSIMEV71\DINDATEI.**

- Arbeiten Sie mit der **Version 8.0** des DesignLab, so ist als Programm (statt *MicroSim Eval 7.1*) *DesignLab Eval 8* zu verwenden. Das zugehörige Verzeichnis heißt **MSIMEV_8.**

Es erscheint eine der in Abb. 4.7 dargestellten Schaltungen mit den behandelten Bausteinen. Sie enthält zusätzlich noch sog. Marker. Diese sorgen dafür, daß nach der Simulation im Zeitliniendiagramm (Fenster <Probe>) die so markierten Signalwerte sofort dargestellt werden, ohne daß sie durch Trace>>Add nachträglich hinzugefügt werden müssen. Die Anordnung im Diagramm entspricht der

Reihenfolge ihrer Eingabe in die Schaltung. Der zuerst bezeichnete Marker erscheint im Diagramm an erster Stelle.

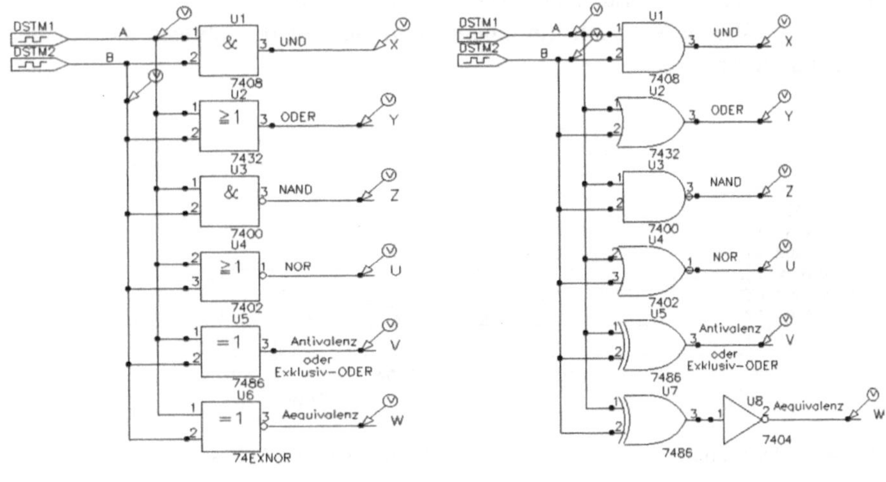

Schaltung DINZEITL.sch   Schaltung ZEITL.sch

Abb. 4.7. Beschaltung der wichtigsten Logikgatter zur Darstellung ihrer Zeitliniendiagramme mittels DesignLab mit DIN-Symbolen (DINZEITL.sch) bzw. in US-Norm (ZEITL.sch) mit zusätzlichen Markern

Sind alle auf der CD-ROM mitgelieferten Dateien geladen, öffnet sich über

Analysis>> Run Probe

sofort das **Probe-Fenster** mit den Zeitliniendiagrammen (Abb. 4.8). Andernfalls müssen aus der Datei DINZEITL.sch wie in Kapitel 10 beschrieben erst die erforderlichen Dateien erzeugt werden.

Über ***Trace>>Add*** und Eingabe von **{B A}** wird zusätzlich die gewichtete Summe angezeigt.

Durch Anklicken des Icons werden jetzt eine Cursorlinie und ein kleines Fenster eingefügt. Nach Klicken (linke Maustaste) auf einen bestimmten Zeitpunkt kann der Cursor bewegt werden. Links werden dann durch Ziffern (0,1) die zugehörigen momentanen Werte der Variablen angezeigt (s. Abb. 4.8). Der aktuelle Zeitpunkt in der Grafik entspricht den Werten der Zeile Nummer Eins in den Wahrheitstabellen der einzelnen Bausteine.

Zwischen **Schematics** (enthält eine der Schaltungen von Abb. 4.7) und **Probe** (Zeitliniendiagramme in Abb. 4.8) kann mittels <**Alt**> +<**Tab**> (bei gedrückter Alttaste die Tabulator-Taste betätigen) gewechselt werden.

Kontrollieren Sie auch die Übereinstimmung in den übrigen Zeitpunkten (Zeilennummern).

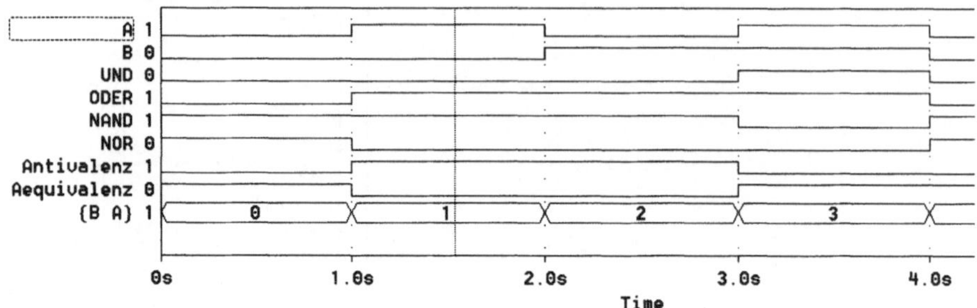

Abb. 4.8. Darstellung der Zeitliniendiagramme zur Schaltung Abb. 4.7 mittels DesignLab

Achtung: Um die Vorteile, die Windows bietet, auszunutzen, sollen ab jetzt Lernprogramm (Digitaltechnik 1 oder 2) und DesignLab **gleichzeitig** in Betrieb sein. Das jeweils aktuelle Programm kann minimiert (▬) und durch das inaktive Programm, welches am unteren Fensterrand auf Symbolgröße verkleinert sichtbar ist, als Vollbild ersetzt werden (Anklicken). Bei Windows kann auch mittels <Alt> +<Tab> zwischen den Anwendungen hin und her gesprungen werden.

Durch **Doppelklick** auf die Eingangsgrößen (DSTM..) öffnet sich ein Fenster, in dem die eingestellten Werte sichtbar sind und auch geändert werden können.

Sollen bei den Untersuchungen auch **Parameter geändert** oder die **Schaltung verändert** werden, muß neu simuliert werden. Um die Möglichkeiten von **DesignLab** auszuschöpfen, ist es unerläßlich sich mit der Handhabung dieses sehr komplexen Programms vertraut zu machen. Studieren Sie daher parallel zum Lernprogramm sehr sorgfältig Kapitel 10 „Arbeiten mit dem DesignLab" und die Beispiele in Kapitel 11.

4.1.3 Kapitel 3: Rechenregeln der Schaltalgebra

Die Beherrschung der in Kapitel 3 behandelten Rechenregeln ist für das Verständnis der Wirkungsweise einer digitalen Schaltung unerläßlich. Durch Realisierung mit einfachen Kontaktnetzwerken läßt sich eine solche Regel schnell überprüfen.

Beispiel: Distributives Gesetz Seite 5 Lernprogramm 1. Gleichung:

$$A \wedge (B \vee C) = (A \wedge B) \vee (A \wedge C)$$

Linke Seite der Gleichung: Es handelt sich um eine **Reihenschaltung** aus dem Schließer A und der Parallelschaltung der Schließer B und C.

Rechte Seite der Gleichung: Hier liegt eine Parallelschaltung vor, welche aus den beiden Reihenschaltungen A und B bzw. A und C besteht. Damit ergibt sich die folgende Schaltung:

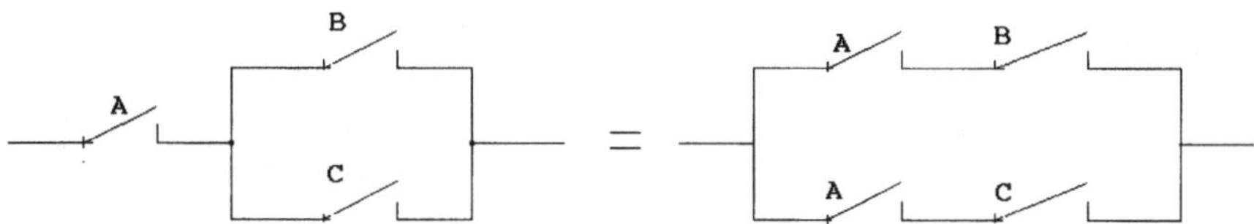

Abb. 4.9. Kontaktnetzwerke zur Realisierung der 1. Gleichung des distributiven Gesetzes.

Für beide Seiten gilt: Ein Durchgang ist nur dann gegeben, wenn **gleichzeitig** Kontakt A und entweder B oder C geschlossen sind. Beide Schaltungen verhalten sich also völlig gleich.

Aufgabe 3

Weisen Sie auch die Richtigkeit der zweiten Gleichung des distributiven Gesetzes nach:

$$A \vee (B \wedge C) = (A \vee B) \wedge (A \vee C)$$

4.1.4 Kapitel 4: Funktionstabellen

Arbeiten Sie die einzelnen Lektionen des 4. Kapitels bis S.4 im Lernprogramm durch.

Abb. 4.10 zeigt noch einmal die auf dieser Seite angegebene Wahrheitstabelle.

Aufstellung der Disjunktiven Normalform

Bsp.:

Nr.	C	B	A	X
0	0	0	0	0
1	0	0	1	1	$\leftarrow\ A \wedge \overline{B} \wedge \overline{C}$ ①
2	0	1	0	1	$\leftarrow\ \overline{A} \wedge B \wedge \overline{C}$ ②
3	0	1	1	0
4	1	0	0	0
5	1	0	1	1	$\leftarrow\ A \wedge \overline{B} \wedge C$ ⑤
6	1	1	0	0
7	1	1	1	0

$$X = (A \wedge \overline{B} \wedge \overline{C}) \vee (\overline{A} \wedge B \wedge \overline{C}) \vee (A \wedge \overline{B} \wedge C)$$
  ①   ②   ⑤

Um **alle** möglichen Kombinationen in einfacher Weise zu erfassen, ist es dabei üblich, die einzelnen Eingangskombinationen mit einer laufenden Nummer zu versehen, welche als Dualzahl des Bitmusters der Eingangsvariablen aufzufassen ist, z.B. entspricht das Bitmuster 011 der Dezimalzahl 3 (s. Kap.7).

Abb. 4.10. Wahrheitstabelle mit DNF

Überprüfung der Ergebnisse bei der disjunktiven Form

Die in Abb. 4.10 angegebene Lösung läßt sich sehr leicht nachprüfen. Wegen der ODER-Verknüpfung hat die Ausgangsgröße X den Wert Eins, wenn mindestens einer der Klammerausdrücke Eins ist. Die erste Klammer liefert eine Eins, wenn gleichzeitig A=1, B=0 und C=0 ist. Dies ist nur in Zeile Nr.1 der Fall.

Die zweite Klammer ergibt Eins, wenn gleichzeitig A=0, B=1 und C=0 ist → Zeile Nr. 2.

Die dritte Klammer liefert Eins, wenn gleichzeitig A=1, B=0 und C=1 ist → Zeile Nr. 5.

Alle anderen Eingangskombinationen ergeben Null.

Also stimmt die Wahrheitstabelle der als Lösung angegebenen disjunktiven Normalform

$$X = (A \wedge \overline{B} \wedge \overline{C}) \vee (\overline{A} \wedge B \wedge \overline{C}) \vee (A \wedge \overline{B} \wedge C)$$

mit der Ausgangs-Wahrheitstabelle vollständig überein.

Entwicklung der zugehörigen Schaltung

Die zur obigen disjunktiven Normalform gehörende Schaltung läßt sich sehr einfach darstellen. Die Ausgangsgröße X erscheint am Ausgang eines ODER-Gatters mit drei Eingängen. Vor jedem Eingang befindet sich ein UND-Baustein mit ebenfalls drei Eingängen. Deren Eingangsgrößen bilden die Variablen A, B und C selbst oder ihre negierten Werte. Damit ergibt sich die Schaltung in Abb. 4.11, die unter dem Namen DINSCHA1.sch auf der CD gespeichert ist. Bitte beachten Sie, daß die Schaltung mit der Testversion (Evaluation-Software) des DesignLab gezeichnet wurde. Da ein ODER-Gatter mit drei Eingängen in der reduzierten Bauteilbibliothek nicht vorhanden ist, wurde es aus einem NOR mit nachgeschaltetem Inverter realisiert.

Zur Aufstellung und Untersuchung der Wahrheitstabelle dieser Schaltung kann wieder DesignLab verwendet werden, da alle erforderlichen Dateien auf der CD vorliegen.

- Minimieren Sie das aktuelle Fenster des Lernprogramms auf Symbolgröße durch Klicken auf ▬ in der rechten oberen Ecke des Fensters.

- Maximieren Sie **Schematics** durch Klicken auf [📄 Schematics -...] am unteren Fensterrand.

- Sollte bereits eine Datei geladen sein, schließen Sie diese vorher mit *File >>Close.*

- Laden Sie mittels *File >>Open* die Datei **DINSCHA1.sch** aus dem Verzeichnis
  MSIMEV71\DINDATEI (bzw. **SCHA1.sch** aus **MSIMEV71\EVALDAT**).

Es erscheint die in Abb. 4.11 dargestellte Schaltung.

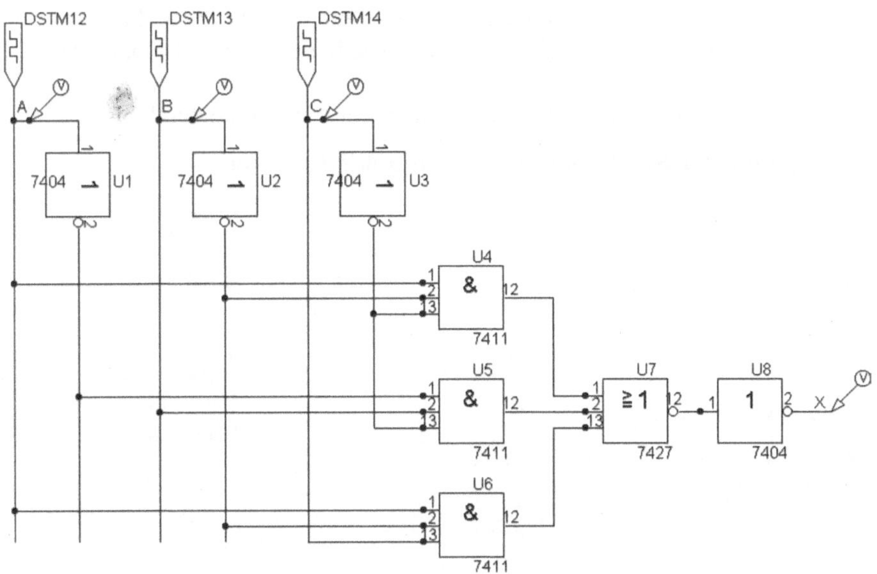

Abb. 4.11. Realisierte Schaltung aus der disjunktiven Normalform von Abb. 4.10 (DINSCHA1.sch). Die entsprechende Schaltung in US-Norm befindet sich unter der Bezeichnung **SCHA1.sch** im Verzeichnis **MSIMEV71\EVALDAT**

- Mittels
  Analysis>> Run Probe
  wird das Probe-Fenster mit dem Zeitliniendiagramm geöffnet.

- Über *Trace>>Add* und Eingabe von {C B A} wird zusätzlich die gewichtete Summe angezeigt (C hat dabei das Gewicht 4).

Durch Anklicken des Icons ◩ nimmt das Zeitliniendiagramm dann das in Abb. 4.12 dargestellte Aussehen an (das kleine Fenster <Probe Cursor> wurde verschoben).

Durch Betätigung von **<Alt>** + **<Tab>**) (bei gedrückter Alt-Taste die Tabulator-Taste betätigen) kann zwischen den einzelnen Anwendungen hin und her geschaltet werden.

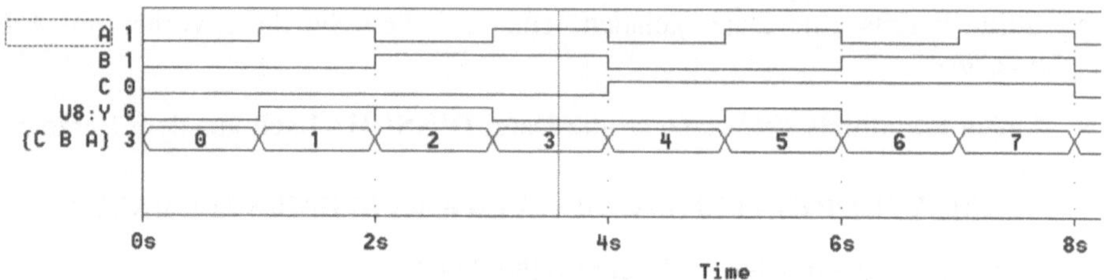

Abb. 4.12. Zeitliniendiagramm der Schaltung Abb. 4.11 mit gewichteten Eingangsgrößen

Klicken Sie bitte mit der linken Maustaste auf die einzelnen Zeitpunkte und kontrollieren Sie, ob sich die gleichen Werte wie in der Wahrheitstabelle Abb.4.10 ergeben.

Gehen Sie zurück zum Lernprogramm und arbeiten es bitte durch bis Seite 9.

Überprüfung der Ergebnisse bei der konjunktiven Form

Aufstellung der Konjunktiven Normalform

Bsp.:

Nr.	C	B	A	X		
0	0	0	0	0	⟵ $A \lor B \lor C$	⓪
1	0	0	1	1		
2	0	1	0	1		
3	0	1	1	0	⟵ $\bar{A} \lor \bar{B} \lor C$	③
4	1	0	0	0	⟵ $A \lor B \lor \bar{C}$	④
5	1	0	1	1		
6	1	1	0	0	⟵ $A \lor \bar{B} \lor \bar{C}$	⑥
7	1	1	1	0	⟵ $\bar{A} \lor \bar{B} \lor \bar{C}$	⑦

$$X=(A \lor B \lor C) \land (\bar{A} \lor \bar{B} \lor C) \land (A \lor B \lor \bar{C}) \land (A \lor \bar{B} \lor \bar{C}) \land (\bar{A} \lor \bar{B} \lor \bar{C})$$
⟶ ⓪   ③   ④   ⑥   ⑦

Aufgabe 4

Kontrollieren Sie bitte, ob die in der nebenstehenden Tabelle angegebene Lösung die vorliegende Wahrheitstabelle erfüllt !

Abb. 4.13. Wahrheitstabelle von Seite 9 in Kapitel 4 des Lernprogramms

Aufgabe 5

Entwickeln Sie die Schaltung zur vorliegenden konjunktiven Normalform in Abb. 4.13. Dabei stehen Ihnen folgende Bausteinarten zur Verfügung:

      7430   NAND mit 8 Eingängen

      7427   NOR mit 3 Eingängen

      7400   Inverter

- Vergleichen Sie Ihre Schaltung mit der auf der CD vorhandenen Datei **DINAUFG5.sch**.

- Öffnen Sie mittels

      Analysis>> Run Probe

  das Probe-Fenster mit dem Zeitliniendiagramm.

- Ergänzen Sie mit *Trace>>Add* und Eingabe von {C B A} zusätzlich die gewichtete Summe (C hat dabei das Gewicht 4).

- Fügen Sie durch Anklicken des Icons in das Zeitliniendiagramm dann den Cursor ein und vergleichen Sie die Werte des Zeitliniendiagramms mit denen der vorgegebenen Wahrheitstabelle.

4.1.5 Kapitel 5: KV-Tafeln

Hier werden sehr ausführlich der Aufbau und der Umgang mit KV-Tafeln behandelt. Es wird gezeigt, wie vereinfachte Gleichungen in disjunktiver und konjunktiver Form mittels KV-Tafeln erstellt werden.

Arbeiten Sie das Kapitel durch. Machen Sie sich mit Hilfe der Animationen klar, wie eine KV-Tafel aufgebaut ist, welche Eigenschaften die einzelnen Plätze der Tafel haben, wie man von der Wahrheitstabelle zur KV-Tafel gelangt und wie Vereinfachungen vorgenommen werden. Wenn Sie die Kontrollfragen richtig beantworten, haben Sie gute Arbeit geleistet.

4.1.6 Kapitel 6: Grundschaltungen mit NAND- und NOR-Bausteinen

In diesem Kapitel werden die Möglichkeiten beschrieben, die Grundbausteine UND, ODER und NICHT durch Schaltungen zu realisieren, welche nur NAND- bzw. NOR-Gatter enthalten.

Realisierung einer Schaltung nur mit NAND-Gattern

Arbeiten Sie das Kapitel durch. Jetzt soll gezeigt werden, wie auf dieser Basis aus einer Gleichung eine Schaltung entwickelt wird, welche nur bestimmte Bausteinarten (z.B. nur NAND- oder nur NOR-Gatter) enthält.

Zunächst wird die Gleichung so umgewandelt, daß sie nur noch die gewünschte Art von Verknüpfungen enthält (z.B. nur noch NAND-Funktionen). Dann kann die Schaltung entwickelt werden, wobei zweckmäßig am **Schaltungsausgang** begonnen wird.

Beispiel: Die Funktion

$$Y = (A \wedge \overline{B} \wedge C) \vee (\overline{A} \wedge C) \vee (\overline{C} \wedge D)$$

ist ausschließlich mit NAND-Gattern vom Typ SN7400 zu realisieren. Dieses NAND hat nur zwei Eingänge.

Um zu berücksichtigen, daß nur **zwei** Eingänge vorhanden sind, werden Klammern gesetzt, die maximal nur **zwei** Operanden beinhalten.

$$Y = ([A \wedge \overline{B}] \wedge C) \vee ([\overline{A} \wedge C] \vee [\overline{C} \wedge D])$$

$$Y = (\underbrace{[A \wedge \overline{B}] \wedge C}_{U}) \vee (\underbrace{[\overline{A} \wedge C] \vee [\overline{C} \wedge D]}_{V})$$

Nach De Morgan kann man schreiben:

$$Y = U \vee V = \overline{\overline{U \vee V}} = \overline{\overline{U} \wedge \overline{V}} = \overline{(\overline{[A \wedge \overline{B}] \wedge C}) \wedge (\overline{[\overline{A} \wedge C] \vee [\overline{C} \wedge D]})}$$

Dies ist eine NAND-Verknüpfung.

$$\overline{V} = \overline{([\overline{A} \wedge C] \vee [\overline{C} \wedge D])} = \overline{\overline{[A \wedge C]}} \wedge \overline{\overline{[C \wedge D]}}$$

ergibt durch Negation eine NAND-Funktion.

Und da

$$\overline{U} = \overline{[A \wedge \overline{B}] \wedge C}$$

bereits als NAND-Verknüpfung vorliegt, kann mit dem Schaltbild begonnen werden.

Die fertige Schaltung zeigt Abb. 4.14. Tragen Sie zur Kontrolle bitte noch die Zwischenfunktionen ein.

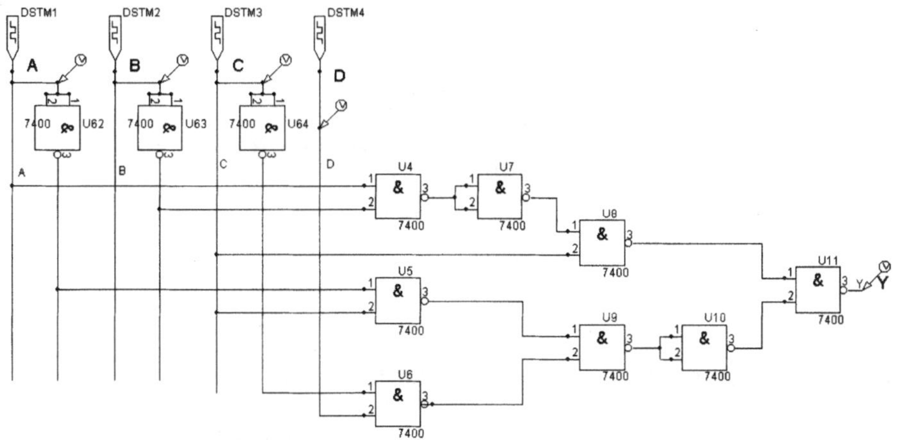

Abb. 4.14. Realisierung der vorgegebenen Gleichung mittels NAND-Gattern mit zwei Eingängen (DINSCHA2.sch)

Die in Abb. 4.14 dargestellte Schaltung befindet sich als **DINSCHA2.sch** auf der CD. (Die entsprechende Schaltung in US-Norm heißt **SCHA2.sch**.) Sie können sich dort auch die zugehörigen Zeitliniendiagramme anschauen, um die Übereinstimmung mit der gegebenen Wahrheitstabelle zu überprüfen.

Schaltungsumwandlung

Da bei der oben angeführten Vorgehensweise leicht Fehler entstehen können, beschreitet man in der Praxis meist einen anderen Weg. Aus der gegebenen Gleichung wird zunächst eine Schaltung entwickelt, welche aus UND- bzw. ODER-Gattern und Invertern besteht. Mit Hilfe von Umwandlungsregeln wird die geforderte Umwandlung dann schrittweise durchgeführt.

Umwandlungsregel 1: Die **NAND-Verknüpfung** kann als **UND** mit nachgeschaltetem **Inverter** bzw. als **ODER** mit **negierten Eingängen** aufgefaßt werden.

Umwandlungsregel 2: Die **NOR-Verknüpfung** kann als **ODER** mit nachgeschaltetem **Inverter** bzw. als **UND** mit **negierten Eingängen** aufgefaßt werden.

Umwandlungsregel 3: Eine **doppelte Negation** ist gleichbedeutend mit einer **Identität** (einfache Verbindung).

An einem einfachen Beispiel soll das Verfahren gezeigt werden.

Folgende Funktion sei gegeben:

$$X = (A \wedge B \wedge C) \vee (A \wedge C)$$

Die zugehörige Schaltung soll nur **NAND-Gatter** enthalten.

- 1. Schritt: Realisierung der Schaltung durch UND/ODER/NICHT-Bausteine (s. Schaltung in Abb. 4.15).

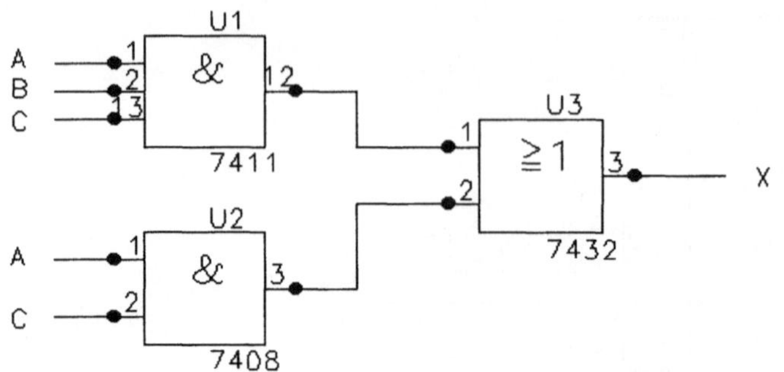

Abb. 4.15. Realisierte Schaltung mit UND/ODER/NICHT-Bausteinen

- 2. Schritt: Einfügen von doppelten Negationen (s. Schaltung in Abb.4.16).

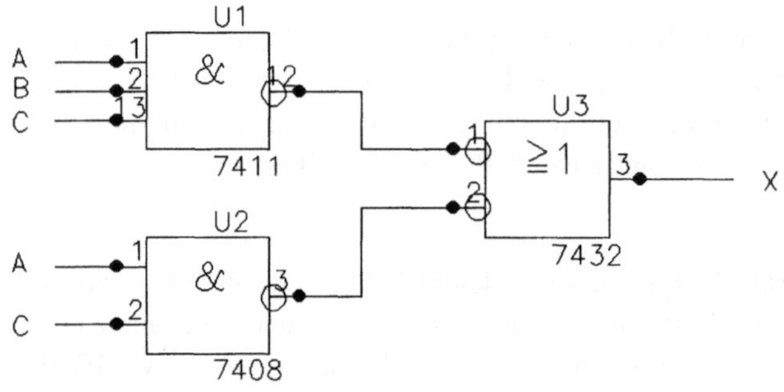

Abb. 4.16. Einfügung von doppelten Negationen

- 3. Schritt: Ersatz der angedeuteten Schaltsymbole durch NAND-Gatter:
               UND mit nachgeschaltetem Inverter ist ein NAND,
               ODER mit negierten Eingängen ist ebenfalls ein NAND;
               damit ergibt sich die Schaltung in Abb. 4.17.

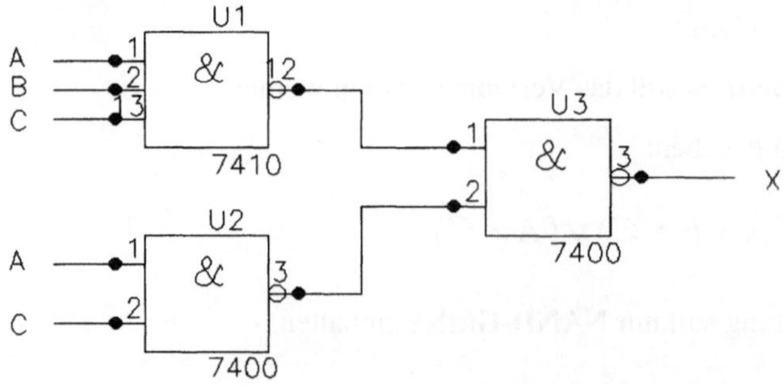

Abb. 4.17. Umgewandelte Schaltung enthält nur NAND-Gatter

4.1.7 Kapitel 7: Zahlensysteme

Hier werden **Aufbau** und **Zusammenhänge** (Umwandlungen) der gebräuchlichsten Zahlensysteme behandelt:

- Dezimalzahlen
- Dualzahlen (Binärzahlen)
- Hexadezimalzahlen

Arbeiten Sie bitte das Kapitel durch. Wenn Sie die vorhandenen Aufgaben problemlos gelöst haben, ist das Lernziel erreicht.

4.2 Themenbereich Codes

4.2.1 Kapitel 8: Einführung

Dieses Kapitel beschreibt die Grundlagen von Codes und stellt die wichtigsten Eigenschaften heraus.

4.2.2 Kapitel 9: BCD-Codes und 4-Bit-Codes

Dargestellt werden die folgenden Codes mit ihren Vor- und Nachteilen:

- 8-4-2-1-Code
- Exzeß-3-Code
- Aiken-Code
- Gray-Code
- 8-4-2-1-Code mit Prüfbit

4.2.3 Kapitel 10: Codewandler

In diesem Kapitel wird in einzelnen Schritten an zwei Beispielen die systematische Entwicklung von Codewandlern gezeigt. Eine Animation erläutert dabei das Aufstellen der Funktionstabelle für die LED-Ansteuerung.

Arbeiten Sie das Kapitel sorgfältig durch. Eine etwas abgewandelte Schaltung des auf Seite 24 des Lernprogramms angegebenen Codewandlers, der den Glixon-Code in den 8-4-2-1-Code umsetzt, ist auf der CD als Datei DINWANDL.sch enthalten und in Abb. 4.18 dargestellt.

- Überprüfen Sie die Übereinstimmung mit der auf S.24 angegebenen Schaltung.
- Wechseln Sie auf Schematics.
- Laden Sie mittels *File>>Open* die Datei **DINWANDL.sch.** (bzw. **WANDL.sch**). Es erscheint die in Abb. 4.18 angegebene Schaltung.

- Öffnen Sie über *Analysis>>Run Probe* das Fenster mit dem Zeitliniendiagramm.
- Fügen Sie mittels *Trace>>Add* und **Eingabe** von {D Y X W} noch die gewichtete Summe ein.
- Durch Anklicken des Icons nimmt das Zeitliniendiagramm dann das in Abb. 4.19 dargestellte Aussehen an.

Eingetragen ist der Cursor im Zeitpunkt 4. Dies entspricht den Zuständen in der Zeile Nr. 4 der Wahrheitstabelle auf Seite 24 im Lernprogramm. Kontrollieren Sie auch die Übereinstimmung in den übrigen Zeilen.

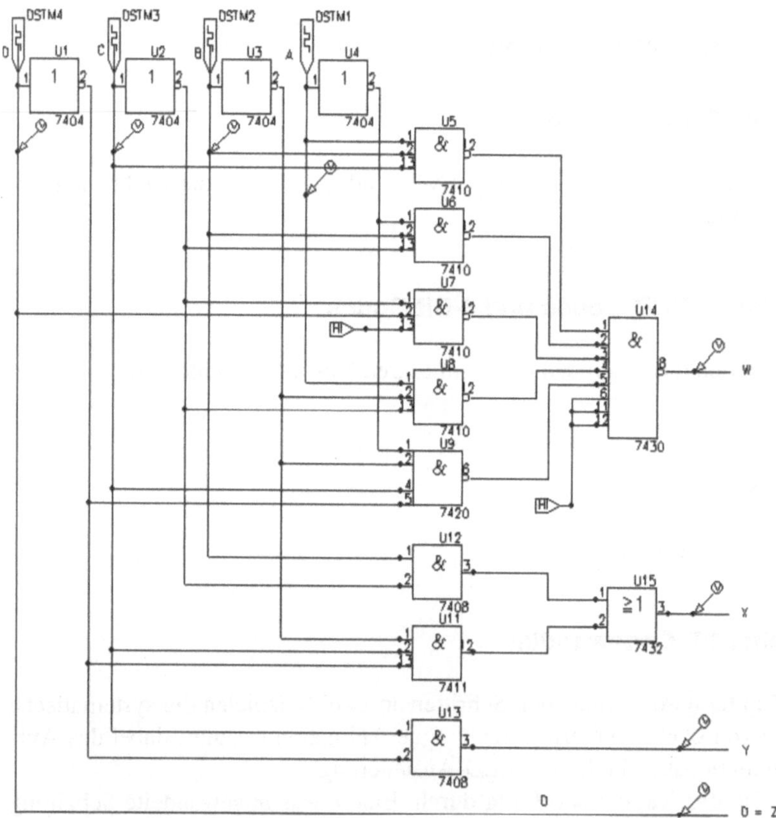

Abb. 4.18. Schaltung des Codewandlers Glixon- / 8-4-2-1-Code (**DINWANDL.sch**)

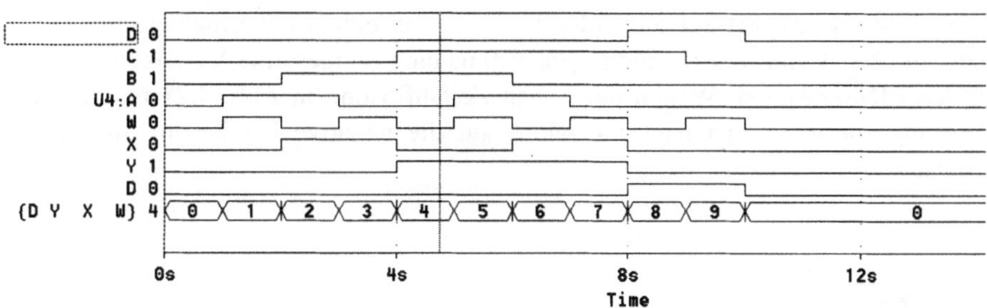

Abb. 4.19. Zeitliniendiagramm zur Überprüfung der Wahrheitstabelle des Codewandlers von Abb. 4.18

4.3 Themenbereich Sequentielle Schaltungen

4.3.1 Kapitel 11: Einfache Speicherelemente

Kapitel 11 führt kurz in die Thematik der Speicherelemente ein. Arbeiten Sie bitte dieses Kapitel zunächst bis einschließlich Seite 10 durch.

In Abb. 4.20 ist die Beschaltung von drei unterschiedlichen **Monoflops** zur Untersuchung mittels DesignLab dargestellt.

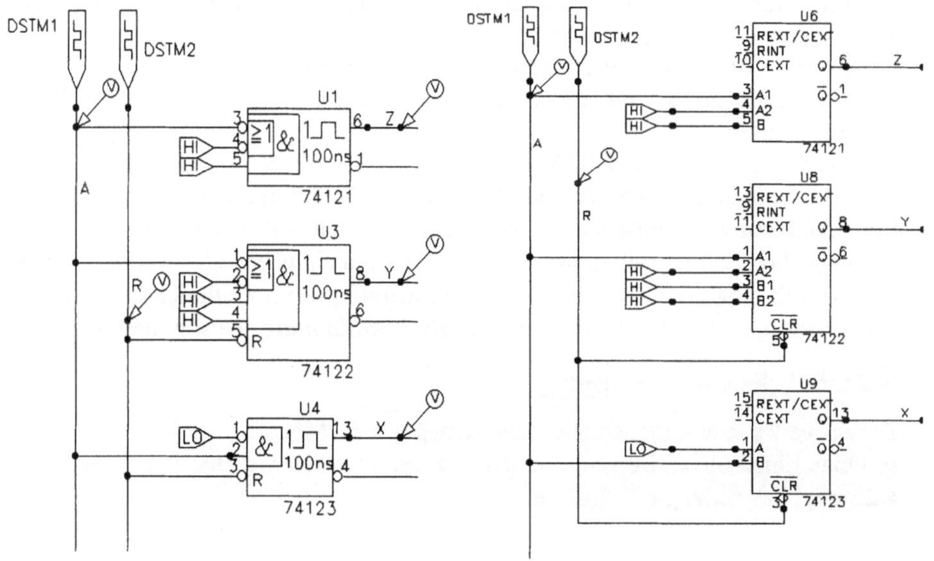

Schaltung DINMONO.sch   Schaltung MONO.sch

Abb. 4.20. Schaltung zur Untersuchung dreier Monoflops (DINMONO.sch) in DIN- bzw. US-Norm (MONO.sch)

Typ 74121 reagiert auf die **fallende** Flanke an einem der Eingänge Pin Nr. 3 bzw. Pin Nr. 4 und sein Ausgang geht 100 ns lang (eingestellte Verzögerungszeit) in den EINS-Zustand. Wegen der hohen Zeitauflösung in Abb. 4.21 reagiert der Ausgang allerdings erst nach ca. 44 ns auf die negative Flanke am Monoflop-Eingang.

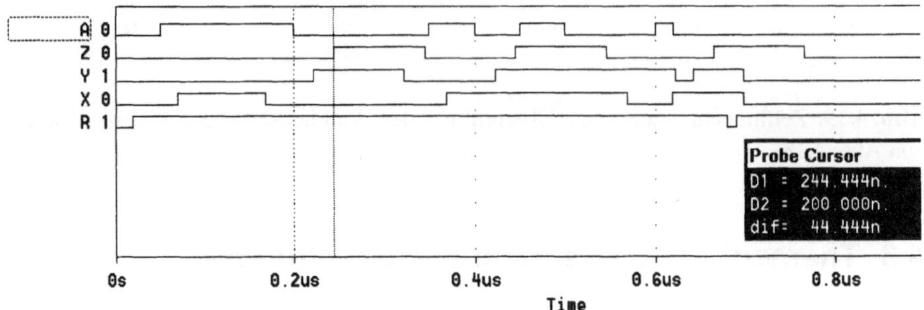

Abb. 4.21. Zeitliniendiagramm zur Schaltung von Abb.4.20

Typ 74122 reagiert ebenfalls auf die **fallende** Eingangsflanke, ist im Gegensatz zum 121 jedoch **nachtriggerbar**, d.h., bei ca. 500 ns, wo das Eingangssignal A eine fallende Flanke aufweist und das Monoflop noch aktiviert ist, **beginnt** die Verzögerungszeit **erneut**. Außerdem besitzt Monoflop 122 einen **Rücksetzeingang**. Liegt hier kurzzeitig Nullpotential an, wird das Monoflop unabhängig von seinem aktuellen Zustand auf Null gesetzt.

Das Monoflop 74123 weist im Gegensatz zu den beiden anderen Typen eine aktiv steigende Flanke auf, ist ebenfalls nachtriggerbar und besitzt einen Rücksetzeingang.

Durch Doppelklick auf DSTM1 bzw. DSTM2 können Sie sich die eingestellten Werte der Eingangsgrößen **A** und **R** in ihrer **Zeitabhängigkeit** anzeigen lassen. Eine **Änderung** ist möglich. Klicken Sie zweimal auf eines der Monoflop-Schaltsymbole, öffnet sich ein Fenster, und es kann ein neuer Wert für die **Verzögerungszeit** eingestellt werden. Um die Auswirkungen im Zeitliniendiagramm zu aktualisieren, muß in Schematics über ***Analysis>>Simulate*** neu simuliert werden.

Aufgabe 6. Einschaltverzögerung

Durch die Zusammenschaltung eines dynamischen Monoflops mit einem Gatter soll eine Einschaltverzögerung mit der Verzögerungszeit T realisiert werden. Abb. 4.22 zeigt das verlangte Verhalten.

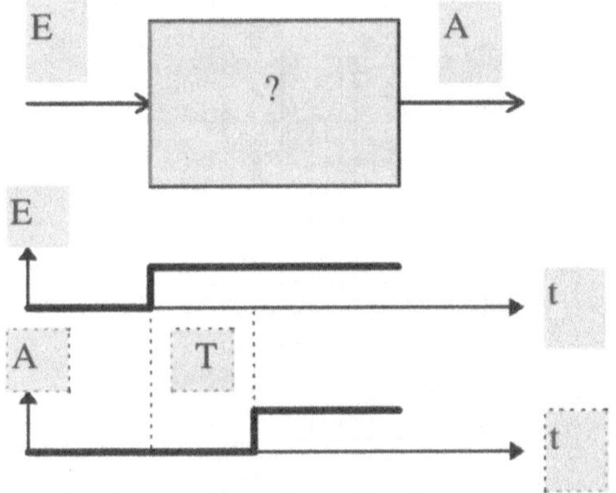

Abb. 4.22. Verlangtes Verhalten der zu entwickelnden Einschaltverzögerung

- Entwickeln Sie die Schaltung.

- Realisieren und untersuchen Sie diese mittels DesignLab.

- Welches Problem tritt auf und wie kann es gelöst werden ?

Arbeiten Sie bitte das Kapitel 11 bis zum Ende durch und prägen Sie sich die Eigenschaften (Grundsymbole und Wahrheitstabellen) der einzelnen **Flipflop-Typen** ein.

Mittels DesignLab können Sie das Verhalten von JK- und D-FF untersuchen.

- Wechseln Sie auf **Schematics**.
- Laden Sie mittels *File>>Open* die Datei **DINFF1**.sch. bzw. **FF1**.sch. Es erscheint eine der in Abb. 4.23 angegebenen Schaltungen.
- Öffnen Sie über *Analysis>>Run Probe* das Fenster mit dem Zeitliniendiagramm.
- Fügen Sie mittels *Trace>>Add* und Eingabe von {B A} noch die gewichtete Summe ein.

- Durch Anklicken des Icons nimmt das Zeitliniendiagramm dann das in Abb. 4.24 dargestellte Aussehen an.

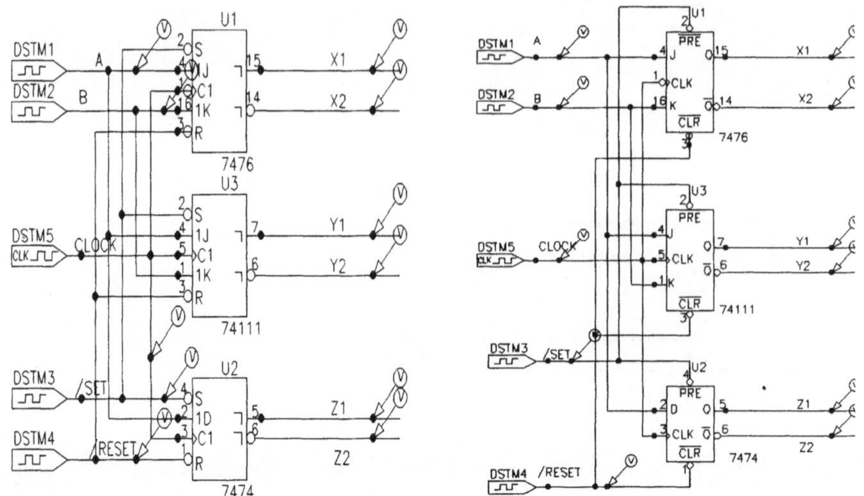

Schaltung DINFF1.sch   Schaltung FF1.sch

Abb. 4.23. Schaltung zur Untersuchung des Zeitverhaltens einiger spezieller Flipflops in DIN- und US-Norm

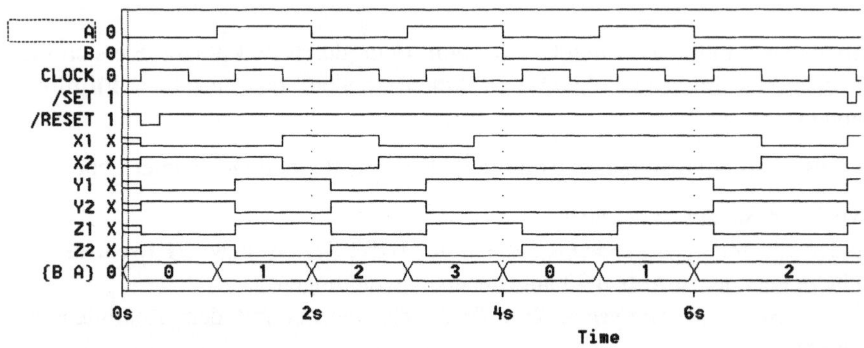

Abb. 4.24. Zeitliniendiagramm zur Schaltung Abb. 4.23

Zunächst sind kurz nach dem Einschalten (eingefügte Cursorlinie) die Ausgänge aller FFs in einem undefinierten Zustand (gekennzeichnet durch x). Durch **RESET** (/ am Anfang soll andeuten, daß es sich um ein LOW-aktives Signal handelt) werden alle Ausgänge auf Null gesetzt.

FF 7476 ist ein **JK-FF** mit aktiv **fallender** Flanke, d.h., es kann nur eine Änderung der Ausgangsgröße X1 auftreten, wenn am Takteingang C1 ein Übergang von EINS auf Null stattfindet. Im Schaltbild ist hervorgehoben, daß der Takteingang C1 die beiden anderen Eingangsgrößen 1J und 1K steuert (Abhängigkeitsnotation).

Im Zustand 0 (entspricht der Zeile Nr. 0 in der Wahrheitstabelle des JK-FF) sind beide Eingangsgrößen A = J und B = K Null, wenn die negative Taktflanke auftritt. Wie aus dem Zeitliniendiagramm hervorgeht, ändert X1 an dieser Stelle seinen Wert nicht (nach der Wahrheitstabelle bleibt der Vorzustand erhalten). Bei der zweiten fallenden Flanke des Taktsignals sind A = J = 1 und B = K = 0. Dies ist die Setzbedingung. Also geht der Ausgang X1 zu diesem Zeitpunkt auf EINS (Zeile Nr. 1 in der Wahrheitstabelle). Bei der dritten aktiven Flanke wird rückgesetzt und bei der vierten aktiven Flanke geht der Ausgang in den entgegengesetzten Zustand (Kippen). Das FF entspricht in seinem Verhalten also exakt seiner Wahrheitstabelle. Der zweite Ausgang X2 verhält sich genau entgegengesetzt. Ist X1 Null hat X2 den Zustand EINS und umgekehrt.

Erscheint am **Setzeingang S** (Signal /SET) kurzzeitig ein Nullsignal, so geht der FF-Ausgang sofort auf EINS (Setzen).

FF 74111 ist ein **JK-FF** mit aktiv **steigender** Flanke. In Abb. 4.24 treten die gleichen Wirkungen wie beim 7476 dann auf, wenn der Takt am Eingang von Null auf EINS springt.

Das FF 7474 ist ein dynamisches **D-FF** ebenfalls mit aktiv **steigender** Flanke. Immer, wenn die aktive Flanke am Takteingang auftritt, wird am Ausgang Z1 der Wert übergeben, der gerade am D-Eingang anlag. Überprüfen Sie bitte auch hier das Zeitliniendiagramm.

4.3.2 Kapitel 12: Synchrone Zählschaltungen

Arbeiten Sie bitte dieses Kapitel bis einschließlich Seite 16 durch. Mittels DesignLab können Sie das Verhalten des Modulo-4-Zählers untersuchen.

- Wechseln Sie auf **Schematics**.
- Laden Sie mittels *File>>Open* die Datei **DINMOD4Z**.sch. Es erscheint die in Abb. 4.25 angegebene Schaltung.
- Öffnen Sie über *Analysis>>Run Probe* das Fenster mit dem Zeitliniendiagramm.
- Fügen Sie mittels *Trace>>Add* und Eingabe von {**B A**} noch die gewichtete Summe ein.

Durch Anklicken des Icons ⟋ nimmt das Zeitliniendiagramm dann das in Abb. 4.26 dargestellte Aussehen an.

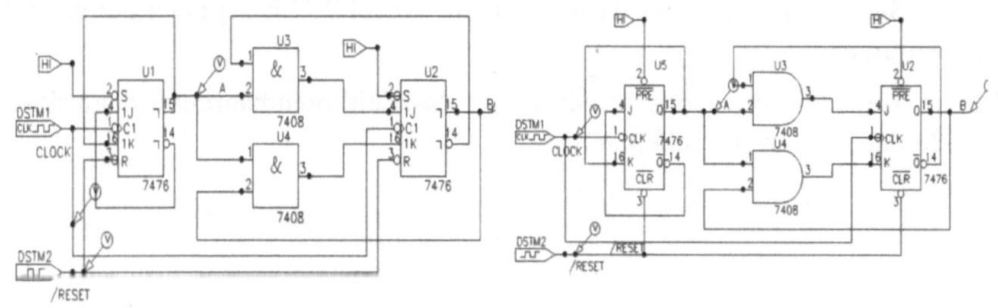

Schaltung DINMOD4Z.sch   Schaltung MOD4Z.sch

Abb. 4.25. Aufbau des Modulo-4-Zählers mit JK-Flipflops in DIN- und US-Norm

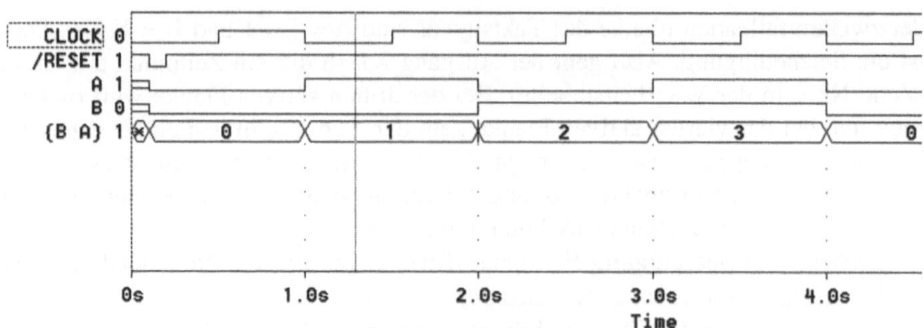

Abb. 4.26. Zeitliniendiagramm des Modulo-4-Zählers

Da die vorliegende Testversion des DesignLab (Datei din.slb) kein RS-FF enthält, wurden JK-FFs bei gleicher Beschaltung verwendet (damit wurden die JK-FFs nicht voll ausgenutzt, weil die Eingangskombination J = K = 1 vermieden wurde). Statt der eingetragenen Inverter wurden die negierten Ausgänge verwendet. So entstand die obige Schaltung.

Wie aus dem Zeitliniendiagramm Abb. 4.26 hervorgeht sind die FF-Ausgänge zunächst in einem undefinierten Zustand bis das Reset-Signal beide FFs auf Null setzt. Entsprechend dem Dualcode gehen dann mit der fallenden Flanke die beiden FFs in den verlangten Zustand.

Im Zeitliniendiagramm läßt sich durch die Summendarstellung sehr schön die Zählweise

0-1-2-3 entspricht 00-01-10-11

erkennen. Der Zähler hat also vier Stellungen und zählt von 0 bis 3.

Arbeiten Sie im Lernprogramm bitte die Lektion Modulo-10-Zähler durch. Mit DesignLab können Sie einen Zehner-Zähler untersuchen.

- Wechseln Sie auf **Schematics**.
- Laden Sie mittels *File>>Open* die Datei **DINSYN10**.sch oder **SYN10**.sch. Es erscheint eine der in Abb. 4.27 angegebenen Schaltungen.
- Öffnen Sie über *Analysis>>Run Probe* das Fenster mit dem Zeitliniendiagramm.
- Fügen Sie mittels *Trace>>Add* und Eingabe von {D C B A} noch die gewichtete Summe ein.

Durch Anklicken des Icons nimmt das Zeitliniendiagramm dann das in Abb. 4.28 dargestellte Aussehen an.

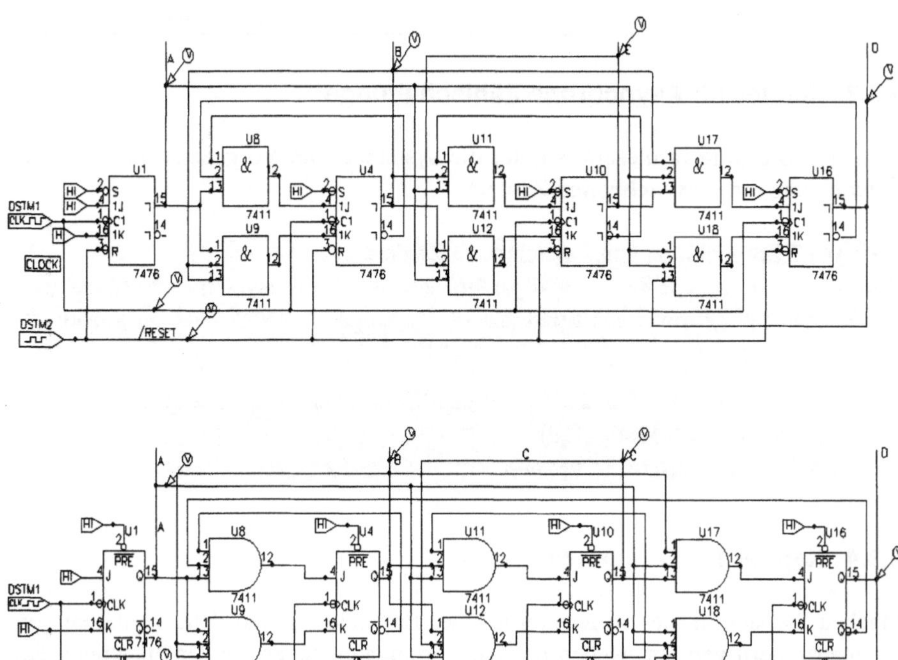

Abb. 4.27. Modulo-10-Zähler aufgebaut mit JK-FFs in DIN- und US-Norm

Da das Eingangsflipflop A bei jedem Taktimpuls kippt, wurden seine beiden Vorbereitungseingänge J und K auf EINS gelegt. Alle übrigen FFs wurden so beschaltet wie im Lernprogramm die dortigen RS-FFs .

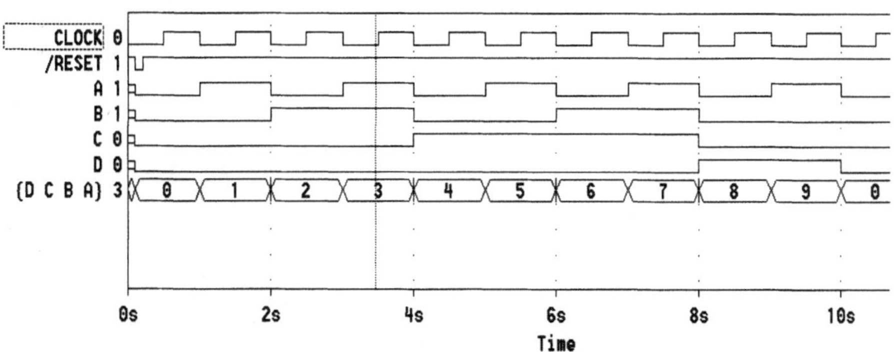

Abb. 4.28. Zeitliniendiagramm des Modulo-10-Zählers von Abb. 4.27

Im Zeitliniendiagramm lassen sich die Zählerstellungen gut erkennen. Der Zähler zählt im 8-4-2-1-Code von 0 bis 9, er hat also **zehn** Stellungen.

4.3.3 Kapitel 13: Asynchrone Zählschaltungen

Studieren Sie bitte in diesem Kapitel die systematische Vorgehensweise bei der Entwicklung eines **asynchronen** Zählers.

Aufgabe 7. Entwicklung eines aynchronen Zählers
Entwickeln Sie so wie im Lernprogramm gezeigt einen asynchronen Zähler, der im Dualcode von 0 bis 7 zählt und aus JK-Flipflops vom Typ 7476 aufgebaut ist. Verlangt werden:

- Tabellen mit den FF-Zuständen und den Werten der Vorbereitungseingänge
- Schaltung mit dem DesignLab
- Zeitliniendiagramm mittels Probe

4.3.4 Kapitel 14: Frequenzteiler

Machen Sie sich in diesem Kapitel mit der Entwicklung und dem Verhalten von Frequenzteilern vertraut. Neben der Animation steht Ihnen zur Untersuchung ein Frequenzteiler 1:9 zur Verfügung.

Abb. 4.29 zeigt die Schaltung und Abb. 4.30 enthält das zugehörige Zeitliniendiagramm. Der Bereich, der durch die beiden gestrichelt gezeichneten Cursorlinien begrenzt ist, entspricht **einer** Periode der Ausgangsgröße. Auf diesen Zeitabschnitt entfallen gleichzeitig **neun** volle Perioden der Eingangsgröße. Die Frequenz der Eingangsgröße ist also **neunmal** so groß wie die der Ausgangsgröße. Damit liegt ein Frequenzteiler 1:9 vor.

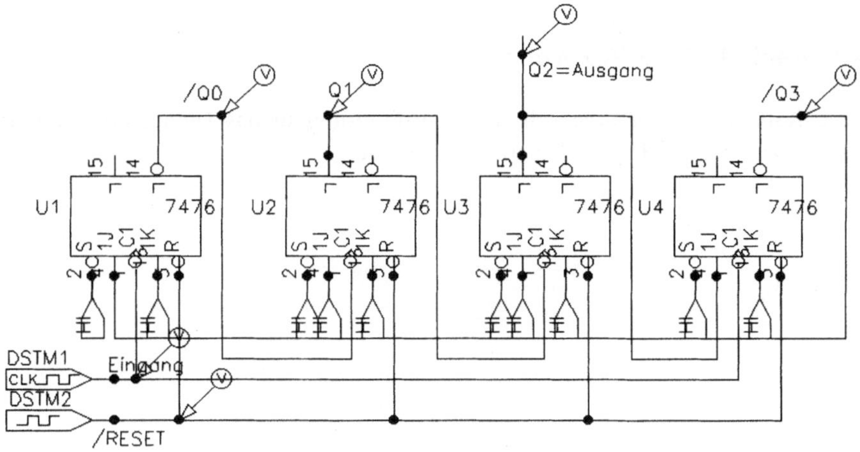

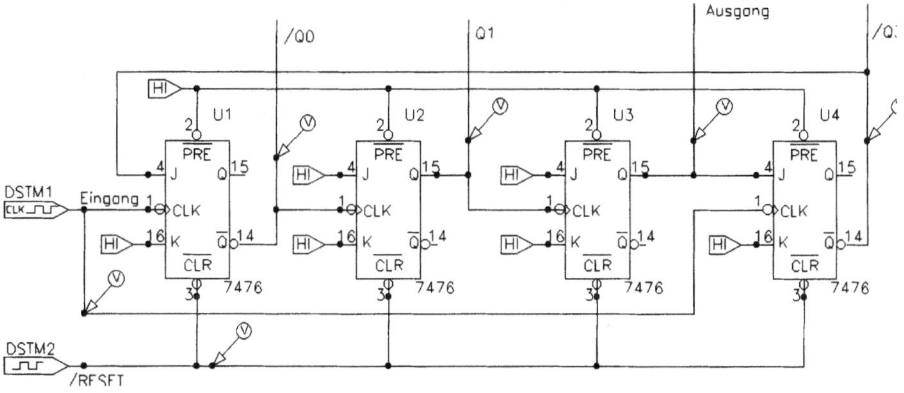

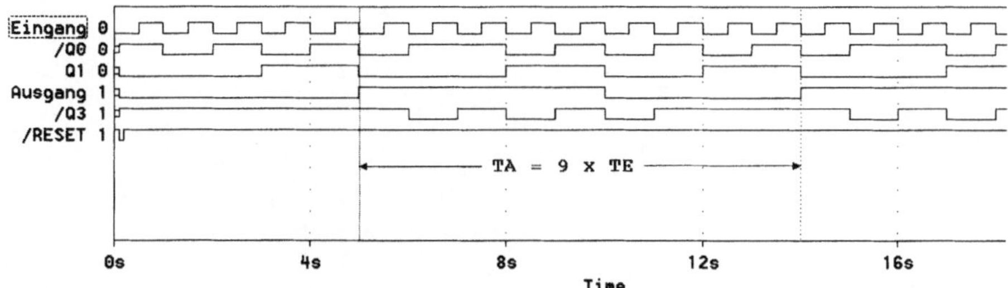

Abb. 4.29. Schaltung des Frequenzteilers 1:9 (DINTEIL9.sch bzw. TEIL9.sch)

Abb. 4.30. Zeitliniendiagramm zum Frequenzteiler 1:9 von Abb. 4.29

4.3.5 Kapitel 15: Schieberegister

Hier lernen Sie die Eigenschaften der wichtigsten Schieberegister kennen. Eine
Animation vermittelt dabei die Arbeitsweise eines Serien-Parallel-Wandlers.

4.4 Themenbereich DA/AD Wandler

4.4.1 Kapitel 16: DA/AD Wandler

Dieses Kapitel soll nur eine sehr kurze Einführung in das Gebiet der Digital-Analog- bzw. Analog-Digital-Wandler darstellen.

5 Digitaltechnik 2

Dieser Teil des Lernprogramms beginnt mit einfachen Rechenwerken und umfaßt das Basiswissen bis hin zur Entwicklung eines Modellcomputers. Der grundsätzliche Aufbau entspricht dem von Digitaltechnik1. Folgende Themenkreise werden behandelt (s. Abb. 5.1):

- Rechenwerke
- Mikrocomputer-Grundlagen
- Modellcomputer
- Fuzzy-Logik

Benutzung von DesignLab zusammen mit Digitaltechnik 2

Um beim Durcharbeiten des Lernprogramms eigene Untersuchungen durchführen zu können, ist es auch hier sinnvoll, DesignLab parallel mitlaufen zu lassen. Da in der mitgelieferten DIN-Schaltzeichen-Bibliothek (**din.slb**) nur wenige Bausteine enthalten sind, ist es notwendig, die wesentlich umfangreichere Bibliothek **eval.slb** zu benutzen, welche jedoch die US-Schaltzeichen verwendet.

Achtung: Enthalten zwei Dateien wie in unserem Fall din.slb und eval.slb gleich bezeichnete Bausteine (z.B. SN 7400), jedoch mit unterschiedlichen Schaltzeichen, so kann nur auf eine von beiden zugegriffen werden. Bei der anderen sind diese (gleichbezeichneten) Symbole gesperrt (kenntlich durch Klammern). Über *Options>>EditorConfiguration>>Library Settings* muß daher die Datei, welche z. Z. nicht benutzt wird, vorübergehend aus der Einbindung gelöscht werden. Sie bleibt gespeichert und kann in gleicher Weise jederzeit wieder eingebunden werden.

Da DIN- und US-Symbole unterschiedlich groß sind, muß beim Untersuchen einer vorhandenen Schaltung die gleiche Symboldatei verwendet werden wie bei der Zeichnung der Schaltung.

In Digitaltechnik 1 wird verwendet din.slb. Die zugehörigen Schaltungs-Dateien sind im Verzeichnis DINDATEI gespeichert.

In Digitaltechnik 2 wird verwendet eval.slb. Die zugehörigen Schaltungs-Dateien sind im Verzeichnis EVALDAT gespeichert.

Einbinden der Library eval.slb

Diese Datei befindet sich nach der Installation von DesignLab im Verzeichnis D:\MSIMEV71\LIB oder muß nach hier kopiert werden (D ist dabei die angenommene Laufwerksbezeichnung).

Nach dem Start von Schematics ist über **Options>>Editor Configuration>>Library Settings** in das sich öffnende Fenster unter Library Name einzugeben (oder über **Browse>>Öffnen**):

D:\MSIMEV71\LIB\EVAL.SLB

Durch Klicken auf den Schalter **Add Library** muß das Einbinden bestätigt werden. Außerdem ist die Datei **din.slb** aus der Konfiguration zu löschen. Über **OK** wird dann das Menü verlassen.

5.1 Themenbereich Rechenwerke

Starten Sie bitte das Lernprogramm Digitaltechnik 2 bei eingelegter CD-ROM über

> **Ausführen >>f:\digi2\digi2.exe**,

wobei f der angenommene Name des CD-ROM-Laufwerkes ist. Das Lernprogramm wird geladen, und es erscheint das Eingangsmenü mit den angegebenen Themenbereichen. Wird der Themenkreis Rechenwerke angeklickt, sieht die Oberfläche wie in Abb. 5.1 aus.

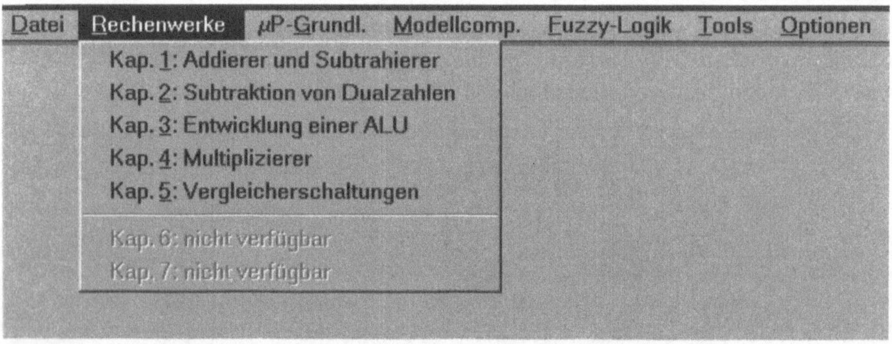

Abb. 5.1. Oberfläche nach Anklicken des Themenbereiches Rechenwerke

5.1.1 Kapitel 1: Addierer und Subtrahierer

Machen Sie sich bitte vertraut mit einfachen Addier- und Subtrahiergrundschaltungen und überprüfen Sie Ihre erworbenen Kenntnisse an den Lernkontrollen.

Mittels DesignLab können Sie einen **Zwei-Bit-Volladdierer** untersuchen.

- Wechseln Sie auf **Schematics**.
- Laden Sie mit *File>>Open* die Datei **ADDER2.**sch. Es erscheint die in Abb. 5.2 angegebene Schaltung.

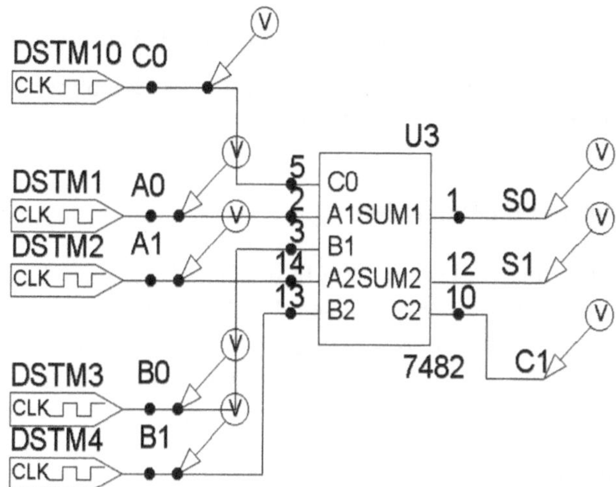

Abb. 5.2.   Schaltung zur Untersuchung eines 2-Bit-Volladdierers (ADDER2.sch)

- Öffnen Sie über *Analysis>>Run Probe* das Fenster mit dem Zeitliniendiagramm.
- Fügen Sie mittels *Trace>>Add* und Eingabe von **{A1 A0 }, {B1 B0},{C0} und {C1 S1 S0}** noch die gewichteten Summen ein.

Durch Anklicken des Icons nimmt das Zeitliniendiagramm dann das in Abb. 5.3 dargestellte Aussehen an.

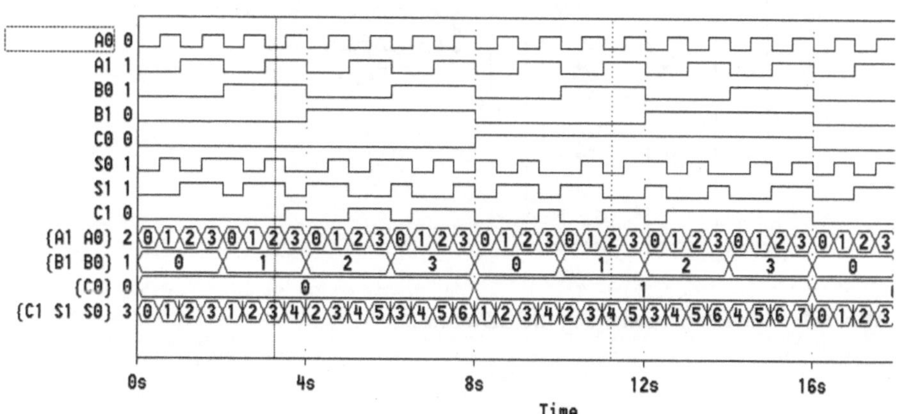

Abb. 5.3.   Zeitliniendiagramm zum 2-Bit-Volladdierer von Abb. 5.2

Addiert werden die beiden Zwei-Bit-Größen **A** (mit den Komponenten A1 und A0) und **B** (mit den Komponenten B1 und B0) sowie der **Eingangsübertrag C0**.
An der **ersten** Cursorlinie werden addiert:

$$A = (\,1\,;\,0) = 2 \; \textbf{plus} \; B = (\,0\,;\,1\,) = 1 \; \textbf{plus} \; C0 = (0) \; \text{ergibt} \; \textbf{3}$$

An der **zweiten** Cursorlinie werden addiert:

$$A = (\,1\,;\,0) = 2 \; \textbf{plus} \; B = (\,0\,;\,1\,) = 1 \; \textbf{plus} \; C0 = (1) \; \text{ergibt} \; \textbf{4}$$

Der Ausgangsübertrag C1 stellt das werthöchste Bit (MSB) des Ergebnisses dar. Überprüfen Sie bitte auch alle anderen Kombinationen.

5.1.2 Kapitel 2: Subtraktion von Dualzahlen

Arbeiten Sie bitte dieses Kapitel zunächst bis zur Seite 11 durch und studieren Sie sorgfältig die Eigenschaften vorzeichenbehafteter Zahlen. Um Ihnen die Einarbeitung zu erleichtern, können Sie auf einige Grundschaltungen zum Experimentieren zurückgreifen. Beginnen Sie bitte mit der auf Seite 11 im Lernprogramm angegebene Prinzipschaltung.

- Wechseln Sie auf **Schematics**.
- Laden Sie mittels *File>>Open* die Datei **SUBZWEI**.sch. Es erscheint die in Abb. 5.4 angegebene Schaltung.

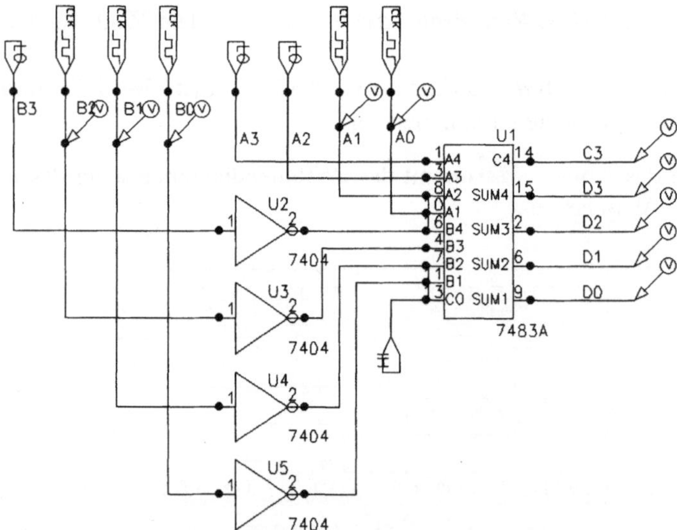

Abb. 5.4. Subtraktionsschaltung (SUBZWEI.sch)

Mit Hilfe eines **4-Bit-Volladdiereres** wird zur 4-Bit-Größe **A** die bitweise **negierte** 4-Bit-Größe **B addiert**. Dies entspricht wie im Lernprogramm dargestellt der Differenzbildung:

$$D = A - B$$

Die Differenz D liegt dabei in Zweierkomplement-Darstellung vor. Um die Auswirkungen überschaubar zu machen, sind die beiden höchstwertigen Bits von A (A3 und A2) sowie das höchstwertige Bit von B (B3) fest auf Null gelegt. Damit stellen A und B **positive** Zahlen dar. Auch der Eingangsübertrag C0 ist konstant an EINS angeschlossen.

- Öffnen Sie über *Analysis>>Run Probe* das Fenster mit dem Zeitliniendiagramm.
- Fügen Sie mittels *Trace>>Add* und Eingabe von {**A1 A0** }, {**B2 B1 B0**} **und** {**D3 D2 D1 D0**} noch die gewichteten Summen ein.

Durch Anklicken des Icons nimmt das Zeitliniendiagramm dann das in Abb. 5.5 dargestellte Aussehen an.

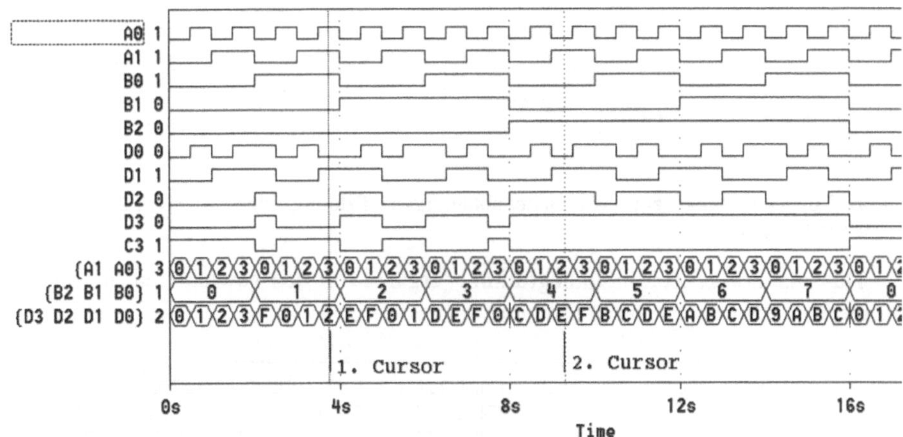

Abb. 5.5. Zeitliniendiagramm zur Schaltung Abb. 5.4

Bei der ersten Cursorlinie wird die Differenz
   D = A - B = 3 - 1 = +2   gebildet. Dieser Wert wird auch angezeigt (das **MSB** im Bitmuster des Ergebnisses ist **Null**, also ist die Zahl **positiv**).
Bei der zweiten Cursorlinie wird die Differenz
   D = A - B = 2 - 4 = -2   gebildet. Angezeigt wird der Hexwert E = **1110**.
Nach der Tabelle auf Seite neun des Lernprogramms ist dies das Bitmuster der negativen Zahl **-2** in Zweierkomplement-Darstellung. (das führende Bit ist **EINS**, also **negativ**) Das angezeigte Ergebnis ist also auch korrekt.

Kontrollieren Sie bitte auch alle anderen Kombinationen.

Aus Abb. 5.5 geht hervor, daß immer dann, wenn das Ergebnis **negativ** wird, der Ausgangsübertrag **C3** auf **Null** geht. Schaltet man hinter C3 noch einen Inverter, so kann dessen Ausgangsgröße direkt als **Vorzeichenbit V** des Ergebnisses verwendet werden.

Die vorzeichenabhängige Bildung des Zweierkomplementes (Lernprogramm S.12-13) können Sie ebenfalls mittels DesignLab untersuchen.

Laden Sie die Datei **ZWEIERK**.sch. Es erscheint die in Abb.5.6 angegebene Schaltung.

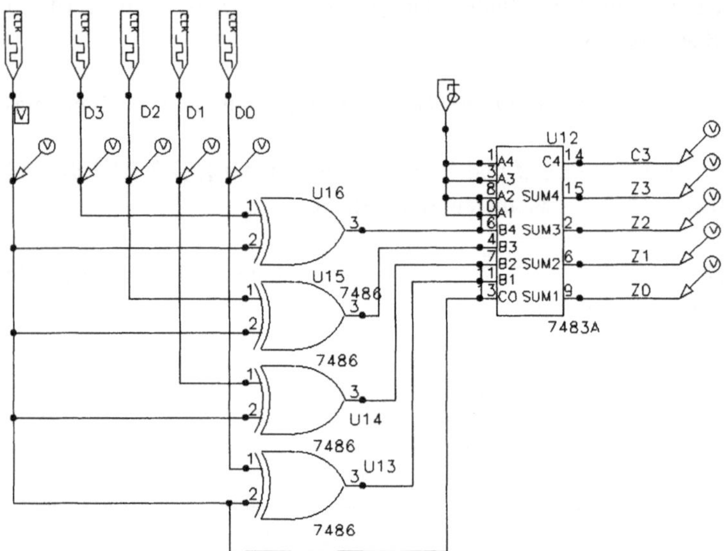

Abb. 5.6. Schaltung zur vorzeichenabhängigen Bildung des Zweierkomplementes (ZWEIERK.sch)

Das zugehörige Zeitliniendiagramm – ergänzt mit den gewichteten Summen – zeigt Abb. 5.7

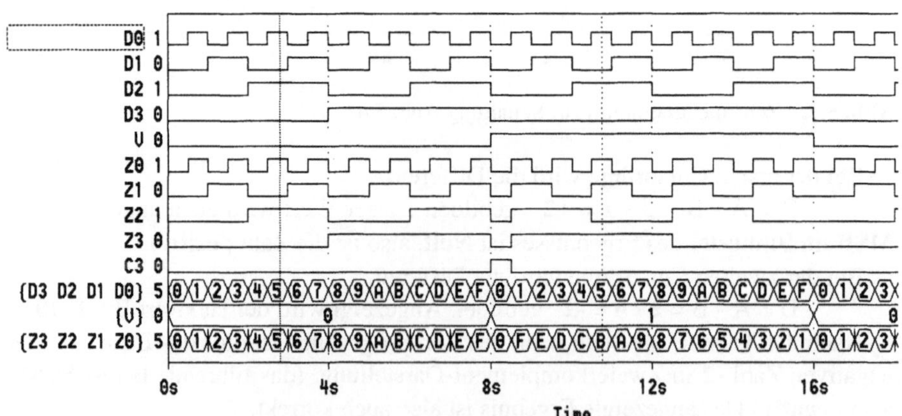

Abb. 5.7. Zeitliniendiagramm zur Schaltung Abb. 5.6

Die Abhängigkeit vom Vorzeichen V ist gut zu erkennen. Dort, wo **V** den Wert **Null** hat (z.B. erste Cursorlinie, dies entspricht einer **positiven** Zahl), werden die Eingangswerte **unverändert** übertragen. Ist V dagegen EINS (bei **negativen** Zahlen) wird von der vorzeichenbehafteten 4-Bit-Zahl am Eingang das Zweierkomplement gebildet. Bei der zweiten Cursorlinie hat **V** den Wert **EINS,** am Eingang liegt +5 an und am Ausgang erscheint B = **1011**. Dies ist in Zweierkomplement-Darstellung das Bitmuster von **-5** (Lernprogramm S. 9).

Vergleicht man die Subtraktionsschaltung von Abb. 5.4 mit der Addiererschaltung von Abb. 5.2, so erkennt man, daß sich beide Schaltungen nur durch die Inverter (beim Subtrahierer) unterscheiden. Werden statt Inverter EXOR-Gatter verwendet, bekommt man eine **steuerbare** Schaltung, mit der wahlweise **addiert** oder **subtrahiert** werden kann.

Laden Sie bitte zur Untersuchung in Schematics die Datei **STADD4**.sch. Auf dem Bildschirm wird die in Abb. 5.8 enthaltene Schaltung sichtbar.

Liegt am Steuereingang **St Null** an, werden die EXOR-Gatter auf Durchgang geschaltet, d.h., die Schaltung wirkt wie ein normaler **4-Bit-Volladdierer**. Ist der Steuereingang **St** dagegen **EINS**, wirken die EXOR-Gatter als **Inverter**. Es liegt eine **Subtraktionsschaltung** vor.

- Öffnen Sie über *Analysis>>Run Probe* das Fenster mit dem Zeitliniendiagramm.
- Fügen Sie mittels *Trace>>Add* und Eingabe von {A1 A0 }, {B1 B0},{St}, {Z3 Z2 Z1 Z0} **und** {C3} noch die gewichteten Summen ein.

Durch Anklicken des Icons [Icon] nimmt das Zeitliniendiagramm dann das in Abb. 5.9 dargestellte Aussehen an.

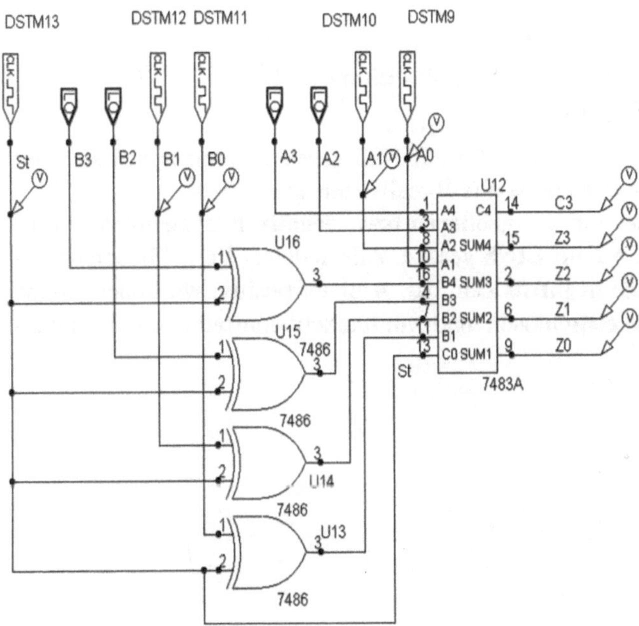

Abb. 5.8. Steuerbare Addierer- / Subtrahierer-Schaltung (STADD4.sch)

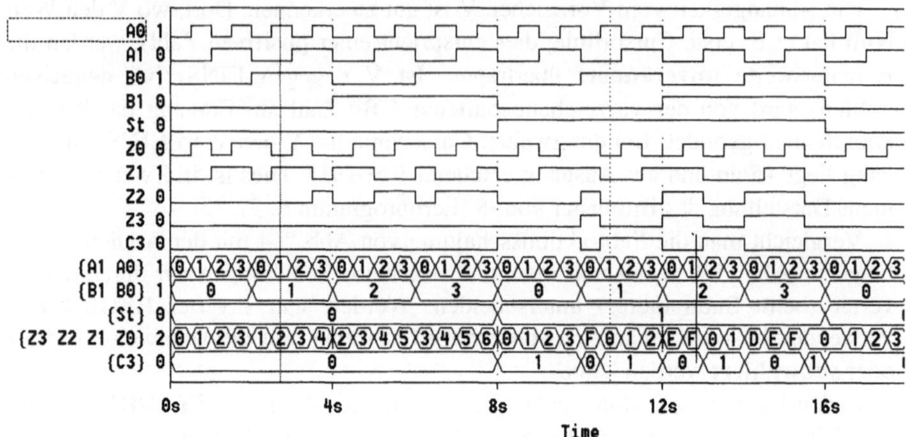

Abb. 5.9. Zeitliniendiagramm der steuerbaren Addierer-/Subtrahierer-Schaltung von Abb. 5.8

Addition und Subtraktion von vorzeichenbehafteten Zahlen sollen jetzt ausführlich untersucht werden, da hier erfahrungsgemäß oft Verständnisschwierigkeiten auftauchen.

Zunächst ist St = 0 also wird **addiert**.
Bei der ersten Cursorlinie erscheint A + B = 1 + 1 = 2   OK
Bei der zweiten Cursorlinie ist St = 1, damit wird **subtrahiert**. Angegeben ist:
          A - B = 1 - 1 = 0   OK
Ist die Differenz **negativ**, erscheint sie in der Zweierkomplement-Darstellung (durchgezogene senkrechte Linie).
          A - B = 1 - 2 = F
Nachrechnung: 1 - 2 = -1 hierzu gehört das Bitmuster 1111 = F   OK
          C3 ist dabei **rückgesetzt**.

In Abb. 5.8 sind A3, A2, B3 und B2 auf Null gesetzt. Damit lassen sich nur kleinere **positive** Zahlenwerte von **A** und **B** realisieren.
Zur weiteren Untersuchung mit **größeren** bzw. **negativen** Zahlenwerten wurden in Abb. 5.10 **B3** und **A2** auf **EINS** gesetzt. Alle anderen Werte blieben unverändert. Damit stellt **B** eine **negative** Zahl dar, **A** bleibt **positiv**, wird aber größer. Jetzt muß zwischen **vorzeichenlosen** und **vorzeichenbehafteten** Zahlen unterschieden werden.

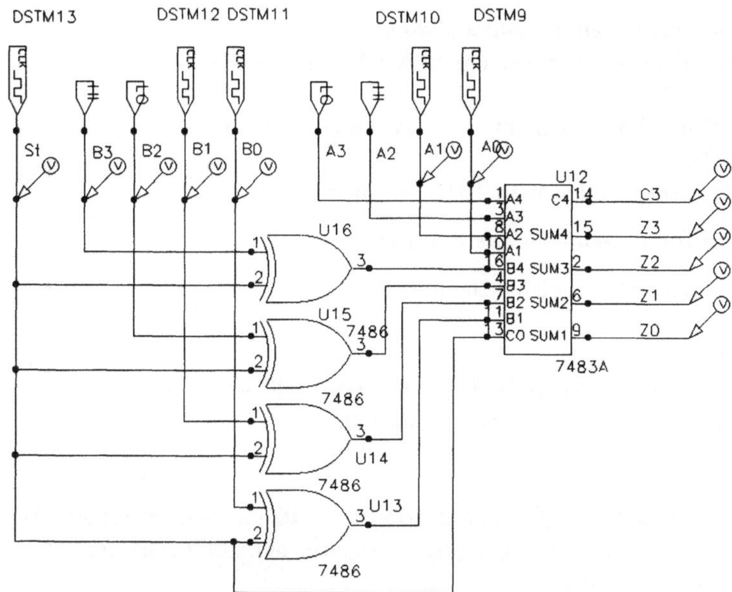

Abb. 5.10. Steuerbaren Addierer- / Subtrahierer-Schaltung von Abb. 5.8 mit anderen Eingangsgrößen (STADDA41.sch)

Das zugehörige Zeitliniendiagramm befindet sich in Abb. 5.11. Untersuchen Sie bitte selbst mittels DesignLab die Schaltung STADDA41.sch, die auf der CD vorliegt.

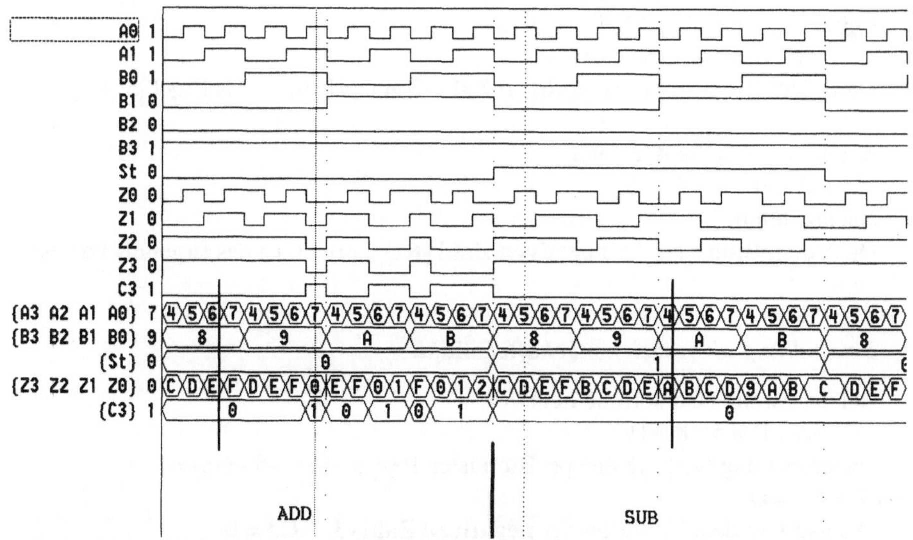

Abb. 5.11. Zeitliniendiagramm zu Abb. 5.10 (STADDA41.sch)

Addition: St = 0

Behandlung als vorzeichenlose ganze Zahlen:
Bei der ersten senkrechten Linie erscheint A + B = 6 + 8 = E = 14
Übertrag C3 = 0   OK
Bei der ersten Cursorlinie erscheint   A + B = 7 + 9 = 0
plus Übertrag C3.
         Da der Übertrag C3 den Wert 16 hat, ist dies korrekt.

Behandlung als vorzeichenbehaftete Zahlen:

Bei der ersten senkrechten Linie erscheint
     A + B = 6 + 8 = E
Nachrechnung:
     (+6) + (8 entspr. Bitmuster 1000 = -8) = (+6) + (-8) = 6 - 8 = - 2
     -2 hat das Bitmuster 1110 = E   korrekt!
     Übertrag C3 = 0

Die im Diagramm für die Eingangsgröße B {B3 B2 B1 B0} angegebene Zahl z.B. 8 stellt nur die Abkürzung für das zugehörige Bitmuster dar. 1000 entspricht -8 in Zweierkomplement-Darstellung

Bei der ersten Cursorlinie erscheint
     A + B = 7 + 9 = 0   Übertrag C3 = 1.
Nachrechnung:

     (+7) +(9 entspr. Bitmuster 1001 = -7)= (+7) + (-7) = 7 - 7 = 0   OK

Subtraktion: St = 1

Behandlung als vorzeichenlose ganze Zahlen:
Bei der zweiten Cursorlinie liegt vor:
     A - B = 5 - 8 = D   C3 = 0
Da D dem Bitmuster der **negativen Zahl -3** entspricht, ist das Ergebnis korrekt.

Bei der zweiten Senkrechten:
     A - B = 4 - A = A
Nachrechnung: 4 - 10 = -6
Da A dem Bitmuster der **negativen Zahl -6** entspricht, ist das Ergebnis korrekt.

Behandlung als vorzeichenbehaftete Zahlen:

Bei der zweiten Cursorlinie liegt vor:
     A - B = 5 - 8 = D
Nachrechnung:(+5) - (8 entspr. Bitmuster 1000 = -8) = +5 - (-8) =
5 + 8 = 13 = D
D entspricht dem Bitmuster der **negativen Zahl -3.**   **C3 = 0**
Achtung! Ergebnis ist falsch, da eine Bereichsüberschreitung vorliegt. Mit 4 Bit läßt sich nur der Bereich von -8 bis +7 darstellen.

Bei der zweiten Senkrechten:

$A - B = 4 - A = A$

Nachrechnung:$(+ 4) - (A$ entspr. Bitmuster $1010 = -6) = +4 - (-6) = +4 + 6 = +10 > +7$

Auch hier liegt wie bei den übrigen Werten eine Bereichsüberschreitung vor. Das angezeigte Ergebnis (A) stellt eine negative Zahl dar und ist falsch.

Bei der nächsten Untersuchung soll auch **A negativ** werden. Hierzu ist gegenüber Abb. 5.10 nur A3 von Null auf EINS zu setzen, B bleibt unverändert **negativ.**

Da alle anderen Bauelemente und Parameter **nicht** geändert werden müssen, können Sie die Veränderungen selbst durchführen. Gehen Sie dabei bitte wie folgt vor.

- Laden Sie in Schematics die Datei **STADD41.sch**.

- Speichern Sie diese unter **STADD45.sch** (dadurch bleibt die Originaldatei unverändert).

- Klicken Sie auf das **Lo(w)-Symbol** von A3, es erscheint **markiert** in **roter** Farbe, durch Drücken der **Entf-Tast** wird es gelöscht.

- Holen Sie über ***Draw>>Get New Part>>Libraries>>Port.slb>>HI>>OK*** und ***Place&Close*** das Symbol für den HI(GH)-Anschluß. Drehen Sie dieses durch mehrmaliges Betätigen der Tastenkombination **<Strg>** + **<R>** so, daß das Symbol von oben nach unten zeigt.

- Plazieren Sie es mittels Cursor (keine Maustaste drücken) an den Eingang A3.

- Klick auf linke Maustaste „fixiert" das Symbol an dieser Stelle.

- Druck auf rechte Maustaste beendet den Vorgang (statt des Symbols ist wieder der Cursorpfeil zu sehen).

- Abspeichern über ***File>>Save***.

- Mit ***Analysis>>Netlist*** Netliste aktualisieren.

- Durch ***Analysis>>Simulate*** neu simulieren lassen. Anschließend öffnet sich dann automatisch das Fenster **Probe** mit dem Zeitliniendiagramm.

- Über ***Trace>>Add*** noch jeweils die gewichteten Summen

  {A3 A2 A1 A0},{B3 B2 B1 B0},{Z3 Z2 Z1 Z0} und **{C3}** einfügen.

- Durch Anklicken auf die Ordinatenachse diese etwas nach rechts schieben, um ihre Beschriftung vollständig zu sehen.

Damit sollte das in Abb. 5.12 als Ausschnitt dargestellte Zeitliniendiagramm erscheinen. Zur Kontrolle können Sie auf die vorhandene Datei STADD42.sch zurückgreifen.

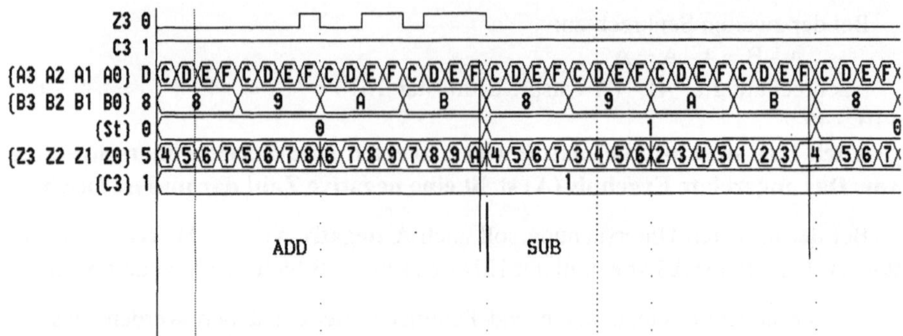

Abb.5.12. Ausschnitt aus dem Zeitliniendiagramm der steuerbaren Addierer-/Sub-trahierer-Schaltung von Abb. 5.8 mit A3 = 1

Addition: St = 0

Behandlung als vorzeichenlose ganze Zahlen:

Bei der ersten Cursorlinie ist abzulesen:

$$A + B = D + 8 = 5 \qquad\qquad C3 = 1$$

Nachrechnung: D + 8 = 13+8 = 21 = 5 + 16 = 5 plus Übertrag C3.
Da der Übertrag C3 den Wert 16 hat, ist dies korrekt.

Bei der ersten senkrechten Linie erscheint:
$$A + B = F + B = A \qquad\qquad C3 = 1$$
Nachrechnung: F + B = 15+11= 26 = 10 + 16 =A plus Übertrag C3 OK

Behandlung als vorzeichenbehaftete Zahlen:

Bei der ersten Cursorlinie liegt vor:
$$A + B \quad = D + 8 = 5 \qquad\qquad C3 = 1$$
Nachrechnung: A + B = (D entspr. Bitmuster 1101 = -3)
                         + (8 entspr. Bitmuster 1000 = -8)
                         = (-3) + (-8) = -3 - 8 = -11 < -8 daher **falsch** wegen **Bereichsüberschreitung**

Bei der ersten senkrechten Linie erscheint:
$$A + B \quad = F + B = A \qquad\qquad C3 = 1$$
Nachrechnung: A + B = (F entspr. Bitmuster 1111 = -1)
                         +(B entspr. Bitmuster 1011 = -5)
                         = (-1) + (-5) = -1 - 5 = -6 entspr. Bitmuster 1010 = A OK

Subtraktion: St = 1

Behandlung als vorzeichenlose ganze Zahlen:

Zweite Cursorlinie liefert:
$$A - B \quad = D - 9 = 4 \qquad\qquad C3 = 1$$
Nachrechnung: D - 9 = 13 - 9 = 4   OK

Bei der zweiten Senkrechten liegt vor:
$$A - B = F - B = 4 \qquad C3 = 1$$
Nachrechnung: F - B = 15 - 11 = 4   OK

Behandlung als vorzeichenbehaftete Zahlen:

Zweite Cursorlinie liefert:
$$A - B = D - 9 = 4 \qquad C3 = 1$$
Nachrechnung:(D entspr. Bitmuster 1101 = -3)
$$- (9 \text{ entspr. Bitmuster } 1001 = -7)$$
$$= (-3) - (-7) = -3 + 7 = +4 \text{ stimmt mit Anzeige überein OK}$$

Bei der zweiten Senkrechten liegt vor:
$$A - B = F - B = 4 \qquad C3 = 1$$
Nachrechnung:(F entspr. Bitmuster 1111 = -1)
$$- (B \text{ entspr. Bitmuster } 1011 = -5)$$
$$= (-1) - (-5) = -1 + 5 = +4 \text{ stimmt mit Anzeige überein OK}$$

Zusammenfassung:

Bei der **Addition** können die **4-Bit-Eingangsgrößen** sowohl als **vorzeichenlose** als auch als **vorzeichenbehaftete** Zahlen aufgefaßt werden. Ist das Ergebnis größer als 15, so wird das Übertragsbit C3 gesetzt.

Werden bei der **Subtraktion** die 4-Bit-Eingangsgrößen als **vorzeichenlose** Zahlen aufgefaßt, ist das Ergebnis korrekt, wobei im Falle einer **negativen** Differenz das Ergebnis in Zweierkomplement-Darstellung erscheint und das **Übertragsbit C3 rückgesetzt** wird.

Werden bei der **Subtraktion** die 4-Bit-Eingangsgrößen als **vorzeichenbehaftete** Zahlen aufgefaßt, ist das Ergebnis **nur** dann **korrekt**, wenn es sich innerhalb des mit 4-Bit-Größen darstellbaren Bereiches von **-8 bis +7** bewegt. Das **Übertragsbit C3** ist dann **gesetzt.**

Die komplette Schaltung, welche sowohl den umschaltbaren Addierer/Subtrahierer wie auch die Darstellung des Ergebnisses nach Betrag und Vorzeichen enthält, (Lernprogramm S. 14) können Sie ebenfalls untersuchen. Sie ist als Datei **ERWADSU.sch** gespeichert. Abb. 5.13 enthält das Schaltbild. Das zugehörige Zeitliniendiagramm ist in Abb. 5.14 dargestellt.

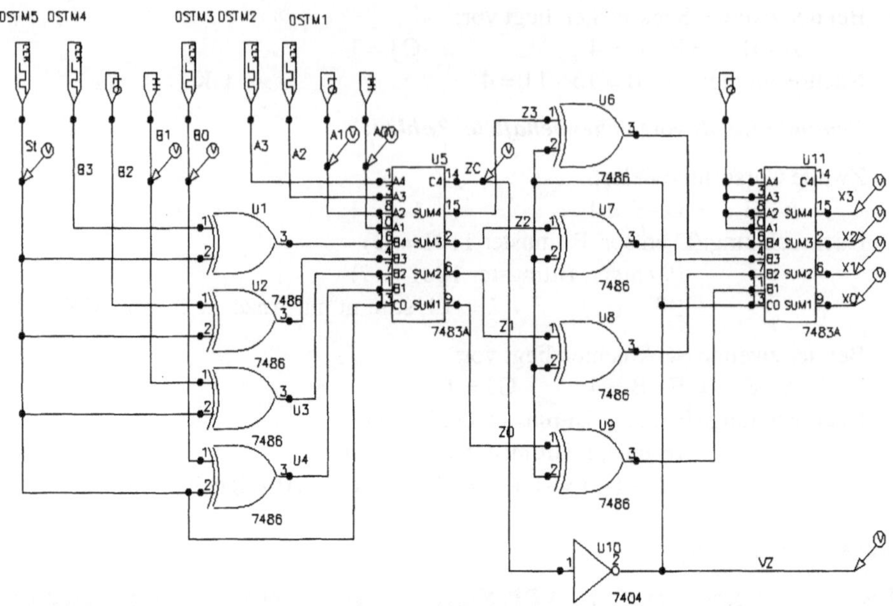

Abb. 5.13. Steuerbarer Addierer / Subtrahierer mit Ausgabe des Ergebnisses nach Betrag und Vorzeichen (ERWADSU.sch)

Addition:

Die Steuervariable St ist Null, die Eingangs-EXOR-Gatter U1 bis U4 sind durchgeschaltet. Addiert werden die beiden 4-Bit-Zahlen A und B, wobei der Übertragseingang C0 des Addierers U5 (wegen St = 0) auf Null liegt. Tritt ein Übertrag am Ausgang von U5 auf (ZC = 1), so ist der Ausgang von U10 Null, die EXOR-Gatter U6 bis U9 sind durchgeschaltet, der Eingangsübertrag von U11 ist Null und an den Ausgängen von U11 erscheinen unverändert die Ausgangsgrößen von U5. Der Ausgang für das Vorzeichen ist Null also positiv.

Liegt dagegen **kein** Zwischenübertrag vor (**ZC = 0**), so wird VZ = 1 (negativ), die EXOR-Gatter U6 bis U9 wirken als Inverter, am Ausgang von U11 wird das Zweierkomplement der Ausgangsgröße von U5 ausgegeben.

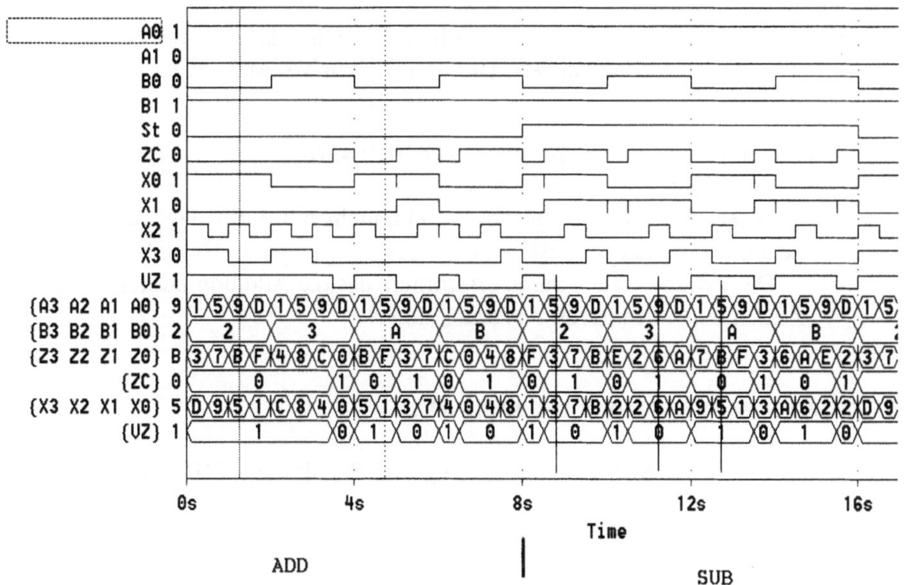

Abb. 5.14. Zeitliniendiagramm zur Schaltung von Abb. 5.13

Bei der ersten Cursorlinie in Abb 5.14 wird als Zwischenergebnis angezeigt:

9 + 2 = B. Der Zwischenübertrag ZC ist Null, daher wird das Zwischenergebnis in sein Zweierkomplement verwandelt. Das Vorzeichen VZ ist 1, daher liegt ein negatives Ergebnis vor

Nachrechnung: (9 entspr. Bitmuster 1001 = -7) + (+2)

$$= (-7) + (+2) = -7 + 2 = -5 \text{ mit dem Bitmuster } 1011 = B$$

Rechnung stimmt mit Anzeige des Zwischenergebnisses überein. Da es sich um eine **negative** Zahl handelt, wird sie umgewandelt in **5** und **VZ=1.**

Bei der zweiten Cursorlinie ist ersichtlich: 5 + A = F. Auch hier ist ZC = 0

Nachrechnung: +5 + (A entspr. Bitmuster 1010 = -6)

$$= (+5) + (-6) = +5 - 6 = -1 \text{ mit dem Bitmuster } 1111 = F$$

Rechnung stimmt mit Anzeige des Zwischenergebnisses überein. Da es sich um eine **negative** Zahl handelt, wird sie umgewandelt in 1 und **VZ=1.**

Subtraktion:

Bei der ersten senkrechten Linie in Abb 5.14 wird als Zwischenergebnis angezeigt: 5 - 2 = 3.

Das Zwischenergebnis liegt als positive Zahl vor und wird unverändert als Gesamtergebnis +3 ausgegeben.

Bei der zweiten Senkrechten ist ersichtlich: 9 - 3 = 6. Mit ZC = 1. Auch hier liegt das Gesamtergebnis als +6 sofort fest.

Bei der dritten Senkrechten: 5 - A = B.

Der Zwischenübertrag ZC ist hier Null, daher wird das Zwischenergebnis in sein Zweierkomplement verwandelt. Das Vorzeichen VZ ist 1, daher liegt ein *negatives* Ergebnis vor

Nachrechnung: +5 - (A entspr. Bitmuster 1010 = -6)

$$= (+5)- (-6) = +5 +6 = +11$$

Dieses Ergebnis ist **falsch**, da **+11** nicht mit 4 Bit darstellbar ist. Es liegt ein Überlauf (Overflow vor).

Der Fehler ist auch daran ersichtlich, das die Addition zweier **positiver** Zahlen einen **negativen** Ausdruck liefert.

5.1.3 Kapitel 3: Entwicklung einer ALU

Zur Ergänzung dieses Kapitels soll die folgende Schaltung (ARU.sch) untersucht werden.

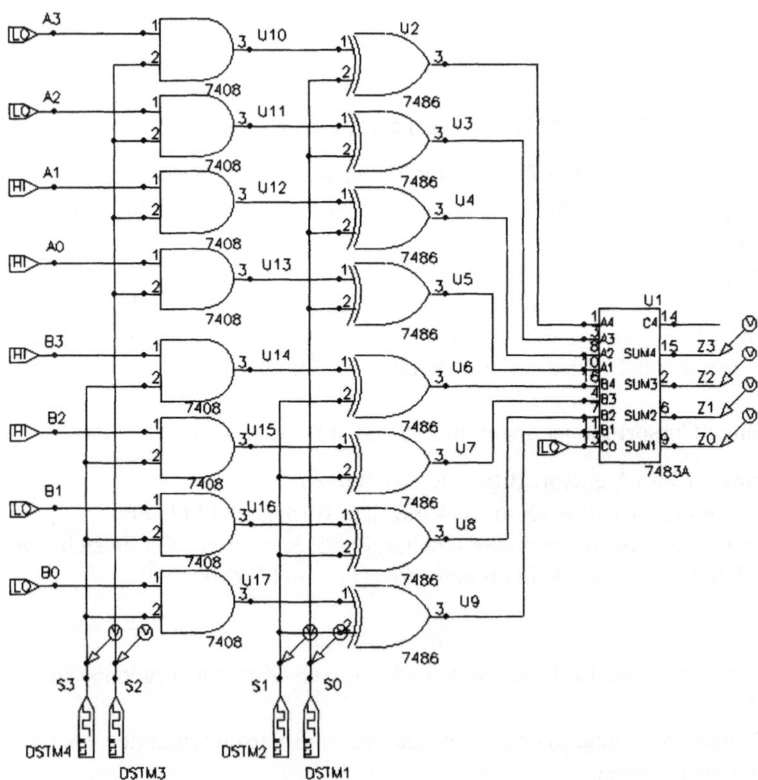

Abb. 5.15. Schaltung zur Bildung einfacher arithmetischer Verknüpfungen mit A = 0011 = +3, B = 1100 = -4 und C0 = 0 (ARU.sch)

Das zugehörigen Zeitliniendiagramm ist in Abb. 5.16 dargestellt.

Tabelle 5.1 enthält die Auswertung.

Ändern Sie bitte die Eingangsgrößen A und B und kontrollieren Sie, ob die angegebenen Funktionen zutreffen.

Wird C0 auf EINS gelegt, ist das Ergebnis jeweils um 1 größer. Aus dem **Einerkomplement** wird so das **Zweierkomplement**. Mit der angegebenen simplen steuerbaren Schaltung lassen sich also einfache arithmetische Verknüpfungen wie Summe, Differenz, Einer- und Zweierkomplement, die Variablen A und B sowie die Konstanten 0 und 1 erzeugen.

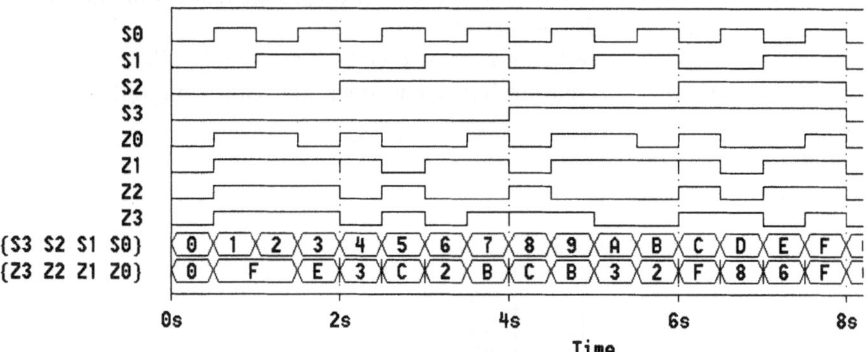

Abb. 5.16. Zeitliniendiagramm zur Schaltung von Abb. 5.15 mit A = +3, B = -4 und C0 = 0

Nr.	S3	S2	S1	S0	Ausgangsgröße Z	Funktion
0	0	0	0	0	0 = 0 0 0 0 = 0	Z = 0 Konstante Null
1	0	0	0	1	F = 1 1 1 1 = -1	Z = -1
2	0	0	1	0	F = 1 1 1 1 = -1	Z = -1
3	0	0	1	1	E = 1 1 1 0 = -2	Z = -2
4	0	1	0	0	3 = 0 0 1 1 = +3	Z = A Übertragung einer Eingangsgr.
5	0	1	0	1	C = 1 1 0 0 = -4	Z = -A - 1 = - (A + 1)= Einerkompl.
6	0	1	1	0	2 = 0 0 1 0 = +2	Z = A - 1 Vermindern um 1
7	0	1	1	1	B = 1 0 1 1 = -5	Z = -A - 2 = -(A + 2)
8	1	0	0	0	C = 1 1 0 0 = -4	Z = B Übertragung einer Eingangsgr
9	1	0	0	1	B = 1 0 1 1 = -5	Z = B - 1 Vermindern um 1
10 = A	1	0	1	0	3 = 0 0 1 1 = +3	Z = -B - 1 = -(B + 1)= Einerkompl.
11 = B	1	0	1	1	2 = 0 0 1 0 = +2	Z = -B - 2 = -(B + 2)
12 = C	1	1	0	0	F = 1 1 1 1 = -1	Z = A + B Summe
13 = D	1	1	0	1	8 = 1 0 0 0 = -8	Z = B - A - 1 Differenz
14 = E	1	1	1	0	6. = 0 1 1 0 = +6	Z = A - B - 1 Differenz
15 = F	1	1	1	1	F = 1 1 1 1 = -1	Z = -A - B - 2

Tabelle 5.1. Ergebnis der Auswertung des Zeitliniendiagramms von Abb. 5.16 mit A = +3, B = -4 und C0 = 0

Während die in Abb. 5.15 dargestellte Schaltung (ARU.sch) nur **arithmetische** Verknüpfungen gestattet, lassen sich mit einer **ALU** (**A**rithmetic **L**ogic **U**nit) sowohl arithmetische wie auch logische Verknüpfungen durchführen. Abb. 5.17

zeigt die Beschaltung der ALU SN 74181 zur Untersuchung mittels DesignLab. Das zugehörige Zeitliniendiagramm ist in Abb. 5.18 dargestellt.

Die Auswertung geschieht auch hier zweckmäßig in Tabellenform. Tabelle 5.2 gibt die Ergebnisse für **M = 0** an (arithmetische Verknüpfungen). In der Tabelle 5.3 sind die Ergebnisse für **M = 1** (logische Verknüpfungen) dargestellt.

Grundsätzlich beziehen sich die **arithmetischen** Verknüpfungen auf die beiden **4-Bit-Operanden** A und B, während **logische** Funktionen für die entsprechenden **1-Bit**-Operanden A3 und B3, A2 und B2 usw. gelten. In der Tabelle 5.2 treten dabei sowohl arithmetische wie auch logische Verknüpfungen auf, während in der Tabelle 5.3 nur logische Funktionen erscheinen.

Aus den beiden Tabellen erkennt man, wie einfach es ist, mit Hilfe einer steuerbaren Schaltung verschiedene arithmetische oder logische Verknüpfungen zu realisieren.

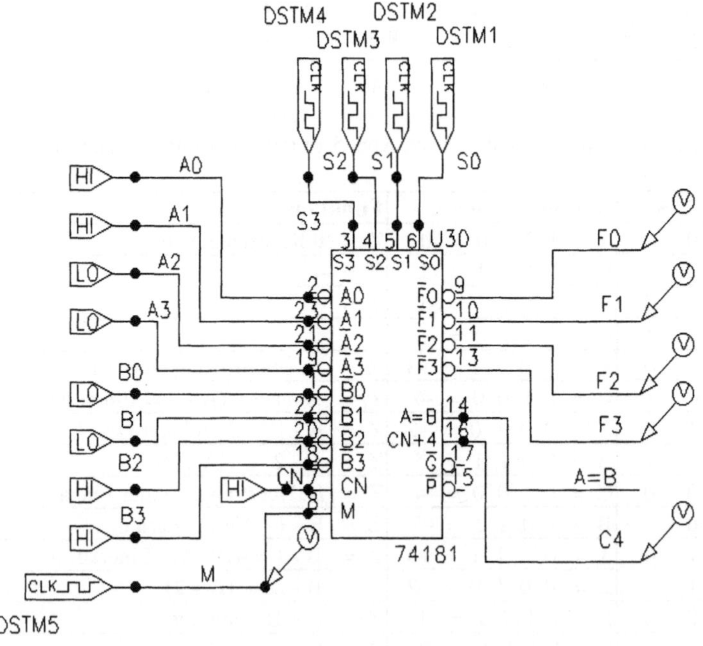

Abb. 5.17. Beschaltung der ALU SN 74181 zur Untersuchung mittels DesignLab und den Werten: A = +3, B = -4 und CN = 1 (ALU1.sch)

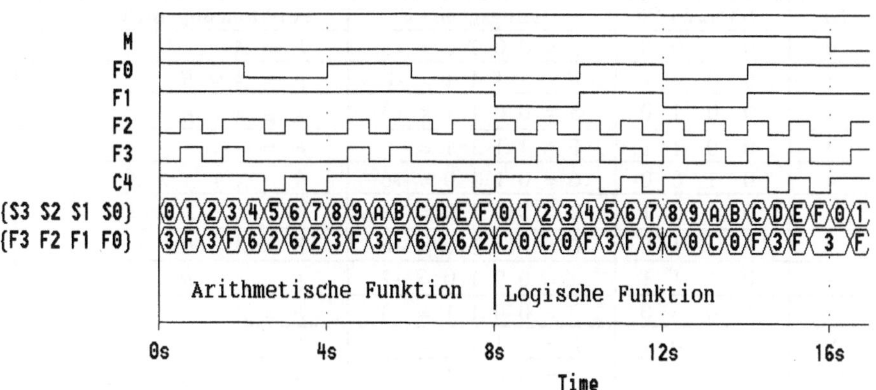

Abb. 5.18. Zeitliniendiagramm zur Schaltung von Abb. 5.17

Erläuterungen zu den Zusammenhängen in der Tabelle 5.2:

Zeile Nr. 0: Am Ausgang erscheint die unveränderte Eingangsvariable A.
Zeile Nr. 1: Die bitweise ODER-Verknüpfung von A = 0011 mit B = 1100 liefert
1111 = F.

Zeile Nr. 2: Die bitweise ODER-Verknüpfung von A = 0011 mit $\overline{B}$ = 0011 liefert
0011 = 3.

Zeile Nr. 3: Am Ausgang erscheint konst. F = 1111 = -1.

Zeile Nr. 4: $F = A + A \wedge \overline{B}$

Die bitweise UND-Verknüpfung von A = 0011 mit $\overline{B}$ = 0011 liefert 0011 = 3 dazu addiert A = 0011 = 3 ergibt 0110 = 6.

Zeile Nr. 5: $F = A \vee B + A \wedge \overline{B}$
Die bitweise ODER-Verknüpfung von A = 0011 mit B = 1100 liefert 1111.
1111 = F = -1.
Die bitweise UND-Verknüpfung von A = 0011 mit $\overline{B}$ = 0011 liefert 0011 = +3 und
die Addition beider Werte ergibt dann 0010 = +2.

Die Werte in den übrigen Zeilen lassen sich in gleicher Weise nachrechnen.

Nr.	S3 S2 S1 S0	Ausgangsgröße F	Funktion allgemein
0	0 0 0 0	3 = 0 0 1 1 = +3	$F = A$
1	0 0 0 1	F = 1 1 1 1 = -1	$F = A \vee B$
2	0 0 1 0	3 = 0 0 1 1 = +3	$F = A \vee \overline{B}$
3	0 0 1 1	F = 1 1 1 1 = -1	$F = -1$
4	0 1 0 0	6 = 0 1 1 0 = +6	$F = A + A \wedge \overline{B}$
5	0 1 0 1	2 = 0 0 1 0 = +2	$F = A \vee B + A \wedge \overline{B}$
6	0 1 1 0	6 = 0 1 1 0 = +6	$F = A - B - 1$
7	0 1 1 1	2 = 0 0 1 0 = +2	$F = A \wedge \overline{B} - 1$
8	1 0 0 0	3 = 0 0 1 1 = +3	$F = A + A \wedge B$
9	1 0 0 1	F = 1 1 1 1 = -1	$F = A + B$
10 = A	1 0 1 0	3 = 0 0 1 1 = +3	$F = A \vee \overline{B} + A \wedge B$
11 = B	1 0 1 1	F = 1 1 1 1 = -1	$F = A \wedge B - 1$
12 = C	1 1 0 0	6 = 0 1 1 0 = +6	Linksschieben von A
13 = D	1 1 0 1	2 = 0 0 1 0 = +2	$F = A \vee B + A$
14 = E	1 1 1 0	6. = 0 1 1 0 = +6	$F = A \vee \overline{B} + A$
15 = F	1 1 1 1	2 = 0 0 1 0 = +2	$F = A - 1$

Tabelle 5.2   Ergebnis der Auswertung des Zeitliniendiagramms von Abb. 5.18 mit A = +3, B = -4 und CN = 0 für **M = 0**   **arithmetische Verknüpfungen**

Nr.	S3 S2 S1 S0	Ausgangsgröße F	Funktion allgemein
0	0 0 0 0	C = 1 1 0 0	$F = \overline{A}$
1	0 0 0 1	0 = 0 0 0 0	$F = \overline{A \vee B}$
2	0 0 1 0	C = 1 1 0 0	$F = \overline{A} \wedge B$
3	0 0 1 1	0 = 0 0 0 0	$F = 0$
4	0 1 0 0	F = 1 1 1 1	$F = \overline{A \wedge B}$
5	0 1 0 1	3 = 0 0 1 1	$F = \overline{B}$
6	0 1 1 0	F = 1 1 1 1	$F = A \oplus B$ (EXOR)
7	0 1 1 1	3 = 0 0 1 1	$F = A \wedge \overline{B}$
8	1 0 0 0	C = 1 1 0 0	$F = \overline{A} + B$
9	1 0 0 1	0 = 0 0 0 0	$F = \overline{A \oplus B}$
10 = A	1 0 1 0	C = 1 1 0 0	$F = B$
11 = B	1 0 1 1	0 = 0 0 0 0	$F = A \wedge B$
12 = C	1 1 0 0	F = 1 1 1 1	$F = 1111$
13 = D	1 1 0 1	3 = 0 0 1 1	$F = A \vee \overline{B}$
14 = E	1 1 1 0	F = 1 1 1 1	$F = A \vee B$
15 = F	1 1 1 1	3 = 0 0 1 1	$F = A$

Tabelle 5.3   Ergebnis der Auswertung des Zeitliniendiagramms von Abb. 5.18 mit A = +3, B = -4 und CN = 1 für **M = 1**   **logische Verknüpfungen**

5.1.4 Kapitel 4: Multiplizierer

In diesem Kapitel wird Ihnen vermittelt, wie vorzeichenlose, mehrstellige Dualzahlen **multipliziert** werden. Für die Multiplikation von 4-Bit-Dualzahlen werden zwei unterschiedliche Multiplikationsschaltungen vorgestellt. Zum einen ein Parallelmultiplizierer und zum andern ein Parallel-Serien-Multiplizierer. Die Funktionsweise des Parallel-Serien-Multiplizierers wird auf Seite 7 im Lernprogramm anhand einer Animation verdeutlicht. Dies ist notwendig, damit Sie eine Vorstellung von den zeitlichen Abläufen der einzelnen Schiebe- und Additionsaktionen bekommen. Um einen größeren Lernerfolg zu erzielen, werden simultan zur Animation WAV- Sounds abgespielt, die den Vorgang der Multiplikation kommentieren und auf bestimmte Ereignisse hinweisen.

Arbeiten Sie bitte dieses Kapitel einschließlich der Kontrollaufgaben durch.

5.1.5 Kapitel 5: Vergleicherschaltungen

Untersuchen Sie bitte in Ergänzung zu den angeführten Komparatorschaltungen mittels DesignLab die Schaltung in Abb. 5.19.

Das zugehörige Zeitliniendiagramm zeigt Abb.5.20. Das Verhalten der drei Ausgangsgrößen X, Y und Z ist gut erkennbar.

Z (A > B) ist überall EINS, wo B kleiner ist als die mit 7 fest vorgegebene Größe A. Dies ist im Bereich 0 bis 6 der Fall. Bei den übrigen Werten von B ist $Z = 0$.

Gleichheit liegt nur vor bei B = 7. Also hat Y (A = B) auch nur an dieser Stelle eine EINS.

Für den Bereich 8 bis F (entspricht 15) ist B > A. Daher hat X (A < B) hier den Wert EINS, sonst Null.

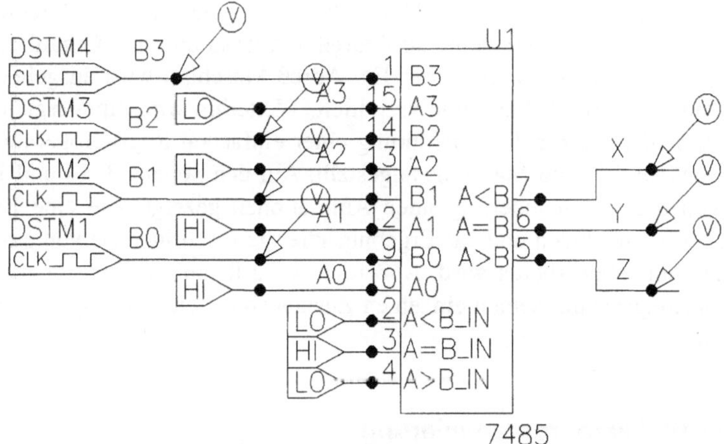

Abb. 5.19. Beschaltung des 4-Bit-Komparators SN 7485 zur Untersuchung mittels DesignLab mit A = 0 1 1 1 = 7 (KOMPARAT.sch)

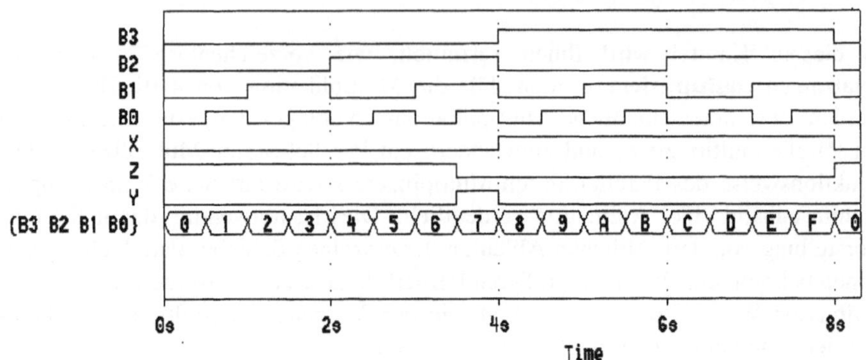

Abb. 5.20. Zeitliniendiagramm zur Schaltung Abb. 5.19

Die Kapitel 6 und 7 wurden für Erweiterungszwecke freigehalten.

5.2 Themenbereich Mikrocomputer-Grundlagen

5.2.1 Kapitel 8: Aufbau eines Mikrocomputers

Mit dem Modell eines Von-Neumann-Rechners als Grundlage lernen Sie die einzelnen Bausteine sowie das Bussystem kennen. Arbeiten Sie dieses Kapitel bitte durch und beantworten Sie die Kontrollfragen.

5.2.2 Kapitel 9: Das Rechenwerk

In dieser Lerneinheit werden Ihnen die Unterschiede zwischen Daten, Befehlen und Adressen nahegebracht sowie deren struktureller Aufbau und ihre Organisation im Speicher. Die Funktionsweise einer Ein-Adreß-Maschine wird ausgehend von der Drei-und Zwei-Adreß-Maschine vermittelt. Weiterhin wird ein Vergleich bezüglich der Befehlsfolge für die Ausführung einer einfachen Registeroperation zwischen Ein- und Drei-Adreß-Maschine angestellt. Auf den Seiten 13, 14 und 15 wird anhand von drei aufeinanderfolgenden Animationen gezeigt, wie eine Befehlsfolge, die zwei Operanden und das Ergebnis adressiert, schrittweise von einer Ein- Adreß-Maschine abgearbeitet wird. Außerdem wird Ihnen die Registerstruktur und das Statusregister mit seinen einzelnen Zustandsbits beim Mikroprozessor 8080 vorgestellt.

5.2.3 Kapitel 10: Mikroprogrammierung

Dieses Kapitel befaßt sich mit Hardware-Grundlagen der Mikroprogrammierung. Ihnen werden in diesem Zusammenhang Steuerwerke zur Abarbeitung von Programmen mit linearem und verzweigtem Programmverlauf sowie Steuerwerke zur Realisierung von bedingten Sprüngen vorgestellt. Auf Seite 4 wird eine Animation präsentiert, welche die Programmabarbeitung in einem Steuerwerk für lineare Programmabläufe erläutern soll. Die Seiten 5 und 6 beinhalten Steuerwerke zur Realisierung von verzweigten Programmen. Zu diesen beiden Seiten werden zusätzlich WAV- Dateien abgespielt, um durch eine weitere Erklärung das Verständnis zu erleichtern.

Die Kapitel 11 und 12 existieren z.Z. nicht.

5.3 Themenbereich Modellcomputer

5.3.1 Kapitel 13: Aufbau des Modellcomputers

In diesem Kapitel wird der grundsätzliche Aufbau eines Modellrechners mit Von-Neumann-Struktur dargestellt. Dieser Modellrechner liegt auch in Form eines Simulationsprogramms vor und kann durch Anwählen des Kapitels 15 gestartet werden. Der Befehlssatz des Modellcomputers wird in Kapitel 14 vorgestellt. Dem Programmanwender werden in diesem Kapitel folgende Lerninhalte vermittelt:

*   1.Aufbau einer 1-Bit-Speicherzelle
*   2. Aufbau einer 8-Bit-Speicherzelle
*   3. Speicheraufbau sowie Speicheradressierung des Modellrechners
*   4. Aufbau und Adressierung der Ein- und Ausgabeeinheit
*   5. Aufbau der Zentraleinheit
*   6. Aufbau und Ansteuerung der ALU
*   7. Operanden-Verknüpfung der ALU
*   8. Aufbau und Ansteuerung der Operanden- und Hilfsregister
*   9. Verwendung des B-Registers als Zeigerregister
*   10. Aufbau und Funktionsweise der Steuerung
*   11. Struktur eines Mikroprogramms zu Abarbeitung von Makrobefehlen
*   12. Einteilung der Befehlsabarbeitung in vier Zyklen

Auf Seite 22 dieses Kapitels wird Ihnen anhand einer Animation verdeutlicht, wie ein Maschinenbefehl (Makrobefehl) aus dem Speicher im Befehlsdecoder als Op-Code interpretiert und im Steuerwerk in eine **Folge** von Mikrobefehlen umgesetzt wird. Parallel zum Animationsablauf werden WAV-Dateien eingespielt, die die Vorgänge am Bildschirm kommentieren und auf wichtige Ereignisse hinweisen, um so den Lernerfolg zu steigern.

5.3.2 Kapitel 14: Befehlssatz des Modellcomputers

Im Rahmen dieses Kapitels werden Ihnen unter anderem die einzelnen Befehle des Modellcomputers vorgestellt. Hierbei handelt es sich um **Datentransportbefehle,**

arithmetische Befehle, **logische Befehle** und **Sprungbefehle**. Es wird gezeigt, auf welche Register die Befehle im einzelnen anwendbar sind und welche Auswirkung sie auf die Registerinhalte haben. Außerdem wird angegeben, über welche Flags der Modellcomputer verfügt und durch welche Sprungbefehle sie zur Realisierung von bedingten Sprüngen abgefragt werden können. Weiterhin wird die Struktur des Op-Codes von Zweibyte-Befehlen anhand eines Decodierungsbeispiels aufgezeigt. Somit wird klar, wie im Befehlsdecoder die einzelnen Befehle dekodiert werden, die dann ihrerseits im Steuerwerk Mikroprogramme auslösen, die den gesamten internen Ablauf des Modellcomputers steuern.

5.3.3 Kapitel 15: Modellcomputer von Martin Hund

Mit dem Aufruf des Kapitels 15 wird das Simulationsprogramm „Computer" gestartet. Dieses Programm entstand im Rahmen einer Diplomarbeit von Martin Hund im SS 1994, an der Fachhochschule Wiesbaden. Es sollen mit Hilfe dieses Simulationsprogramms die internen Abläufe bei der Befehlsabarbeitung eines einfachen Von-Neumann-Rechners vermittelt werden. Das besondere dieses Programms liegt darin, daß Maschinenbefehle (Makrobefehle) als Mikroprogramm schrittweise abgearbeitet werden können. Der Lernende hat somit die Möglichkeit zu sehen, **welche Steuerworte**, **Daten** und **Adressen** auf das Bussystem ausgegeben werden und welche **zeitliche** Reihenfolge dabei vorliegt. Es ist ebenfalls ersichtlich, wie die **Operanden** in der **ALU** verarbeitet, welche **Register** angesprochen werden, wie auf den **Speicher** zugegriffen wird und welche Bytes im Befehlsdecoder als **Op-Code** interpretiert werden. Der Programmbenutzer hat darüber hinaus die Möglichkeit, selbst kleine Programme oder auch einzelne Befehle einzugeben und sich den internen Ablauf der Befehlsabarbeitung anzuschauen. Dieses Programm, es handelt sich um ein DOS-Programm, ist in das Lernprogramm eingebunden.

In Kapitel 6.1 dieses Buches „Arbeiten mit dem Simulationsprogramm Modellcomputer" wird auf die Handhabung dieses Simulationsprogramms näher eingegangen.

5.4 Themenbereich Fuzzy-Logik

5.4.1 Kapitel 16: Grundlagen der Fuzzy-Logik

Dieses Kapitel gibt einen ersten Einblick in das große Themengebiet der Fuzzy-Logik (unscharfe Logik). Ausgehend von der grundlegenden Frage „Was ist Fuzzy-Logik?", bis hin zu einfachen Operationen mit Fuzzy-Mengen, wird dem Anwender dieser Teilbereich der Digitaltechnik, der in den letzten Jahren einen ungeheuren Aufschwung im Rahmen der Regelungstechnik erfuhr, nähergebracht. Auf den Seiten 15, 17 und 19 des Lernprogramms werden Animationen präsentiert, welche die Anwendung von Minimum-Operator, Maximum-Operator und des Komplements auf zwei Fuzzy-Mengen verdeutlichen sollen. Zu den einzelnen

Animationen werden auch hier WAV-Dateien abgespielt, die die Vorgänge auf dem Bildschirm kommentieren.

5.4.2 Kapitel 17: Systemstruktur der Fuzzy- Logik

Es wird die grundlegende Struktur eines Systems der unscharfen Logik erläutert. Die Baugruppen eines unscharfen Reglers, Fuzzifizierer, Inferenzer und Defuzzifizierer, werden im einzelnen vorgestellt und in ihrer Funktion beschrieben.

5.4.3 Kapitel 18: Simulationsprogramm Fuzzy- Logik

Durch den Aufruf des Kapitels 18 wird ein Simulationsprogramm zum Themengebiet Fuzzy- Logik gestartet. Dieses Programm entstand im Rahmen einer Diplomarbeit von Jörg Stierstorfer an der Fachhochschule Wiesbaden im WS 1995/96. In der gestellten Aufgabe soll das Wasser einer Badewanne auf 30°C erhitzt werden. In Abhängigkeit von der **Wassermeng**e und der **Temperatu**r des zufließenden Wassers wird mit diesem Simulationsprogramm die dazu erforderliche **Heizenergie** ermittelt.

Dieses Programm ist ebenfalls in das Lernprogramm eingebunden worden und wird in 6.2 näher beschrieben.

6 Handhabung der Simulationsprogramme

6.1 Arbeiten mit dem Simulationsprogramm Modellcomputer

Achtung: Bitte beachten Sie, daß es sich hier um **kein** **Windows-**, sondern um ein **DOS-**Programm handelt, welches in das Programmpaket Digitaltechnik 2 eingebunden ist. Daher ist die **Maus** hier **wirkungslos.** Kommandos und Eingaben können also nur über die **Tastatur** erfolgen.
Dieses Programm simuliert die Wirkungsweise eines vereinfachten 8-Bit-Mikroprozessors auf der Basis der **Intelprozessoren 8080/8088.** Es werden daher die entsprechenden Mnemoniks des 8088 sowie dessen Auswirkungen der Befehle auf die wichtigsten Flags zugrundegelegt. Bei Transportbefehlen bleiben die Flags bei den Intel-Typen im Gegensatz zu den Motorola-Prozessoren **unverändert.**

Im Themenbereich **Modellcomputer** wird durch Anklicken von **Kap. 15 Modellcomputer von Martin Hund** das Simulationsprogramm gestartet. Es erscheint das Hauptmenü (Abb. 6.1).

Um das Wesentliche des Programms kennenzulernen, ist es am einfachsten, auf eine vorhandene Datei zurückzugreifen. Laden Sie daher über <F2> (**Datei**) mittels <F4> (**Laden**) von den vorhandenen angezeigten Dateien die Datei **ADD_8BIT.CPU** durch Eingabe von:

$$\text{add\_8bit}$$

Die Endung wird automatisch hinzugefügt. Nach zweimaligen Drücken der **ESC-Taste** erscheint wieder das Hauptmenü, wobei in der linken oberen Ecke jetzt der Name der geladenen Datei **ADD_8BIT.CPU** sichtbar ist. Außerdem ist nun der Speicher mit Daten gefüllt.

Drücken Sie jetzt <F3> (**Bearbeiten**). Es erscheint auf dem Schirm ein Blockschaltbild (s. Abb. 6.2) mit den wichtigsten Baugruppen des Modellrechners.

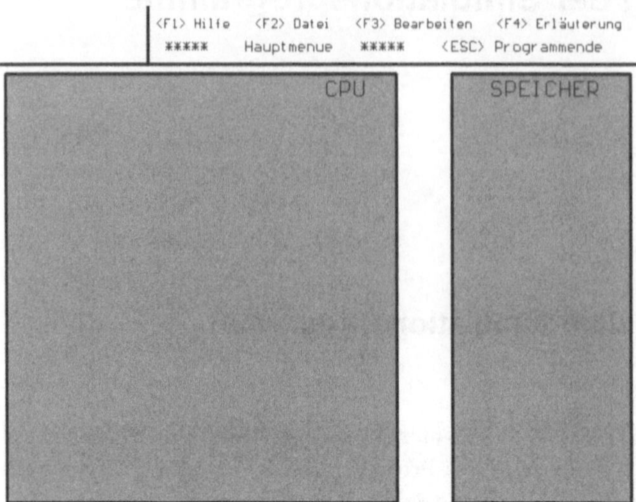

Abb. 6.1. Hauptmenü nach Start des Simulationsprogramms Modellcomputer

Anmerkung: Sie können sich mittels **<F1>** (**Hilfe**) jederzeit anzeigen lassen, **welche** Aktionen die einzelnen **Befehlstasten** bewirken.

In Abbildung 6.2 werden dargestellt:

1. Registerblock mit **Akku A**, den Registern **B,C** und **D**, dem **Flagregister F**, dem **Instruction-Pointer IP** und dem Hilfsregister **A2**
2. **ALU** (Arithmetisch-logische Einheit, also das eigentliche Rechenwerk)
3. Bussystem mit **Daten-, Adreß-** und **Steuerbus**
4. **Operandenregister OP** (dient der Aufnahme eines Operanden)
5. **Steuerwerk** mit Befehlsregister und -decoder

   Speicher, aufgeteilt in **Codesegment** (für Befehle) und **Datensegment** (für Daten). Der grün unterlegte Balken im Codesegment gibt den aktuellen Befehl an, dessen Adresse im IP (hier 01) steht. Der momentan aktuelle Befehl MOV A,[80] bedeutet: Lade das Register A – den Akku – mit dem Inhalt der Speicherzelle, welche die Adresse 80Hex hat.

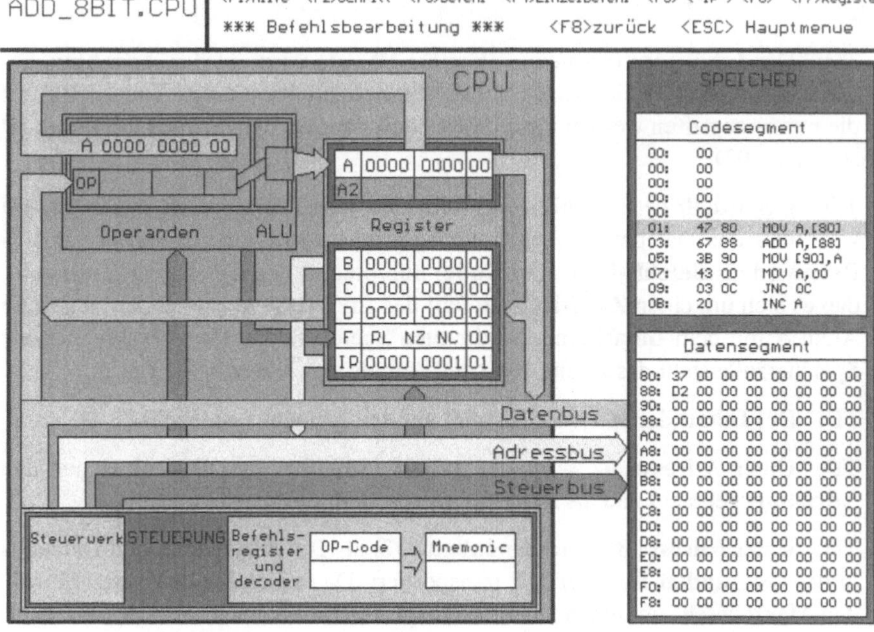

Abb. 6.2. Blockschaltbild des Modellrechners mit den wichtigsten Baugruppen

Die Registerinhalte werden sowohl bitweise (2 * 4 Bit) wie auch in hexadezimaler Form (zweistellig) angegeben.

Das Flagregister enthält Sign-(Vorzeichen-), Zero- (Null-) und Carry-Flag (Übertrags-Flag), wobei die Zustände der Flags wie folgt dargestellt werden:

Sign-Flag S S = 0   Ergebnis positiv   angezeigt wird: PL (plus)

S = 1   Ergebnis negativ angezeigt wird: NG (negativ)

Zero-Flag Z Z = 0   Ergebnis ungleich Null   angezeigt wird: NZ (not Z)

Z = 1   Ergebnis gleich Null   angezeigt wird: Z

Carry-FLAG C C = 0 kein Übertrag   angezeigt wird: NC (no C)

C = 1 Übertrag   angezeigt wird: C.

Um das Mikroprogramm, welches bei der Abarbeitung eines Maschinenbefehls (Makrobefehl) abläuft, visuell **schrittweise** zu verfolgen, wählen Sie **<F2>** (**Schritt**). Damit wird das Mikroprogramm des **aktuellen Befehls** gestartet. Der **aktuelle** Makrobefehl ist im Codesegment (s. Abb. 6.2) durch einen grünen Balken unterlegt. Mit je einem Tastendruck (**TD**) wird nun ein Mikroprogrammschritt durchgeführt. Auf dem Steuerbus ist außerdem die jeweils **folgende** Aktivität eingeblendet.

Bitte beachten Sie, daß alle hier angegebenen Zahlenwerte Hexadezimalzahlen sind.

1. TD: Der **Inhalt** des Instruction-Pointers **IP (01)** wird auf den **Adreßbus** gegeben. Er wirkt wie ein **Zeiger** auf die **Speicherstelle** mit der Adresse **01**, auf die nun zugegriffen werden kann. Außerdem wird der **IP** um **Eins** erhöht (in **IP** steht jetzt **02**).

2. TD: Der **Inhalt** der so adressierten Speicherzelle (Zelle Nr. **01** hat Inhalt **47**) wird über den Datenbus in das Befehlsregister geholt und gespeichert. Dieses Byte wird als **Befehls-Byte (Op-Code)** interpretiert und dabei wird festgestellt, daß es sich um einen **Zwei-Byte-Befehl** der Art **MOV A, [c]** handelt, d.h. **lade** Akku **A** mit dem **Inhalt** einer bestimmten Speicherzelle. Die **Adresse** c dieser Speicherzelle stellt das zweite Byte des Befehls, das **Datenbyte**, dar.

3. TD: Der **Inhalt** des **IP** (jetzt **02**) wird auf den Adreßbus gegeben.

4. TD: Unter **Adresse 02** wird der **Inhalt (80)** über den **Datenbus** auf den **Adreßbus** gebracht und als **Adresse** interpretiert.

5. TD: Unter **Adresse 80** wird der **Inhalt (37)** als **Datenbyte** über den Datenbus in das **Operanden-Register OP** transportiert. Da es sich bei dem auszuführenden Makrobefehl um einen reinen Transport-befehl handelt, also der Wert unverändert bleibt, wird beim nächsten Schritt die ALU nur zum Durchschalten benutzt. Das Gleichheitszeichen, welches jetzt in der ALU sichtbar ist, soll dies symbolisieren.

6. TD: Der Inhalt des **OP (37)** wird unverändert in den **Akku A** übertragen. Der gesamte Makrobefehl ist abgearbeitet. Da der ausgeführte Transportbefehl die Flags nicht beeinflußt, bleiben diese unverändert. Der IP wurde um Eins auf 03 erhöht und „zeigt" auf den nächsten Makrobefehl, welcher jetzt als aktueller Befehl grün unterlegt erscheint.

Auf diese Weise können auch die übrigen Maschinenbefehle des geladenen Programms **schrittweise** durchgearbeitet werden.

Um nur die **Auswirkungen** der Befehle auf **Register** und **Flags** zu betrachten, können die Befehle mittels <F3> **Befehl** (näheres über <F1> , <F3>) auch als Ganzes sofort abgearbeitet werden, ohne die einzelnen Schritte des Mikroprogramms durchführen zu müssen.

Unter Beachtung des vorhandenen Befehlsvorrates des Modellcomputers können auch eigene kleine Programme entwickelt und untersucht werden. Sinnvoll erscheint es, zunächst mit der Untersuchung der beiliegenden Programme zu beginnen.

6.2 Arbeiten mit dem Fuzzy-Logik-Simulations-Programm

6.2.1 Untersuchung mit den vorgegebenen Datensätzen

Um den Aufbau und die Handhabung des Programms kennenzulernen, ist es am einfachsten, auf vorhandene Dateien zurückzugreifen. Im Abschnitt **Fuzzy-Logik** erfolgt durch Anklicken von **Kap. 18 Fuzzy-Logik-Simulations-Programm** der Start. Es erscheint die Fuzzy-Shell. Über **<Datei> <Öffnen>** wird ein Fenster mit den vorhandenen Dateien geöffnet. Wählen Sie bitte **wasserbd.fuz** und bestätigen Sie mit **OK**.

6.2.1.1 Ansicht der Basisvariablen und der zugehörigen Fuzzy-Sets

Zunächst wollen wir uns die zugehörigen **Variablen** ansehen. Klicken Sie hierzu bitte auf **<Variablen> <Anzeigen>**. Die Abb. 6.3 wird sichtbar.

Der Gesamtbereich von Null bis 400 Liter der **Basisvariablen Wassermenge** in Abb. 6.3 ist willkürlich in die **unscharfen** Teilbereiche (**Fuzzy-Mengen** oder **Fuzzy-Sets**) **Sehr wenig**, **Wenig**, **Mittel**, **Viel** und **Sehr viel** eingeteilt worden. Um diese Einteilung sowie die Festlegung der Form der einzelnen Fuzzy-Sets (Trapez oder Dreieck mit den zugehörigen Festpunkten) nachvollziehen zu können, müssen wir zunächst mittels **<Fenster> <Schließen>** zur Fuzzy-Shell zurück. Mit **<Variablen> <Bearbeiten>** wird dann das Fenster „**Eingabe der Variablen**" geöffnet (Abb. 6.4).

Klicken auf die **Pulldown-Taste** im linken Teilfenster gibt die **vorhandenen** Basisvariablen an. Anklicken auf „**Wassermenge**" zeigt dann die für **diese** Basis-variable momentan geltenden Werte. Auf der rechten Seite können entsprechend die zur Basisvariablen Wassermenge gehörenden **Fuzzy-Sets** angezeigt und eventuell geändert werden. Durch einen Klick auf „**Sehr wenig**" sieht man, daß dieses Fuzzy-Set die Form eines **Trapezes** hat (s. Abb. 6.5), wobei Anfang und Knick 1 zusammenfallen und gemeinsam bei Null beginnen. Außerdem ist das zu-gehörige Kürzel **SWe** angegeben.

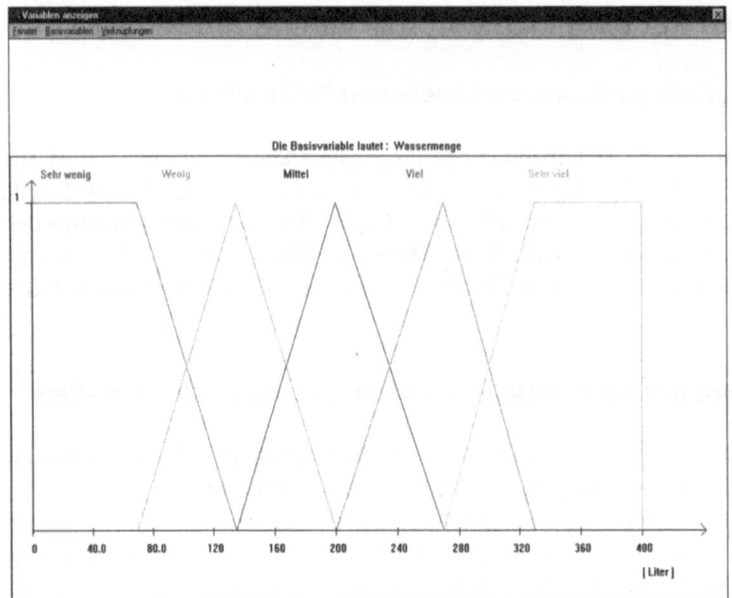

Abb. 6.3. Die Basisvariable „Wassermenge" mit den zugehörigen Fuzzy-Sets

Abb. 6.4. Fenster zur Eingabe der Variablen

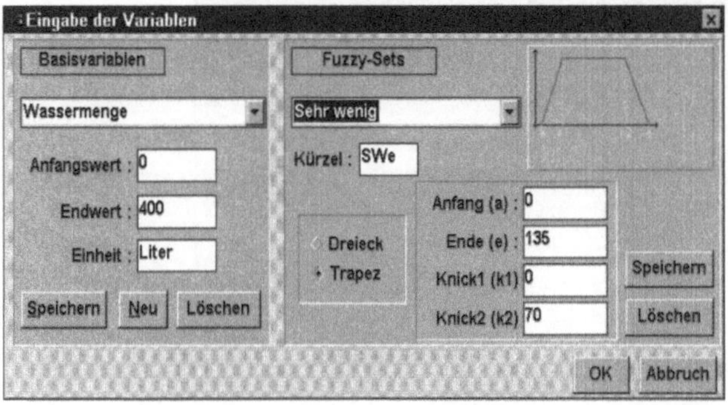

Abb. 6.5. Die Basisvariable Wassermenge mit dem Fuzzy-Set „Sehr wenig"

Auf die gleiche Weise können wir uns die beiden anderen Basisvariablen **Wassertemperatur** (gemeint ist damit die **Temperatur** des **zufließenden Wassers**) und **Heizleistung** mit den zugehörigen Fuzzy-Sets anschauen. Bei der Heizleistung sind willkürlich **20 kW** als **100 %** angenommen worden. Auf der Basis bestimmter Regeln (s. 6.2.1.3) ermittelt dann das System, welche Heizleistung erforderlich ist, um bei einer bestimmten Menge einfließenden Wassers mit einer angenommenen Temperatur ein Wannenbad von 30 °C Wassertemperatur zu erhalten.

6.2.1.2 Verknüpfungen zwischen den Fuzzy-Sets

Zwischen den einzelnen Fuzzy-Mengen können in einfacher Weise die beiden logischen Verknüpfungen **UND** bzw. **ODER** vorgenommen werden. Durch Anklikken des Menüpunktes **Verknüpfungen** erscheint ein kleines Pulldown-Menü zur Auswahl der beiden Fuzzy-Mengen, die miteinander zu verknüpfen sind.

<**Fuzzy-Set 1**> anklicken und **Sehr wenig** auswählen
    wieder Menüpunkt **Verknüpfungen** aktivieren
<**Fuzzy-Set 2**> anklicken und **Wenig** auswählen
    wieder Menüpunkt **Verknüpfungen** aktivieren
    jetzt **UND** auswählen. Das Resultat ist in Abb. 6.6 zu sehen.

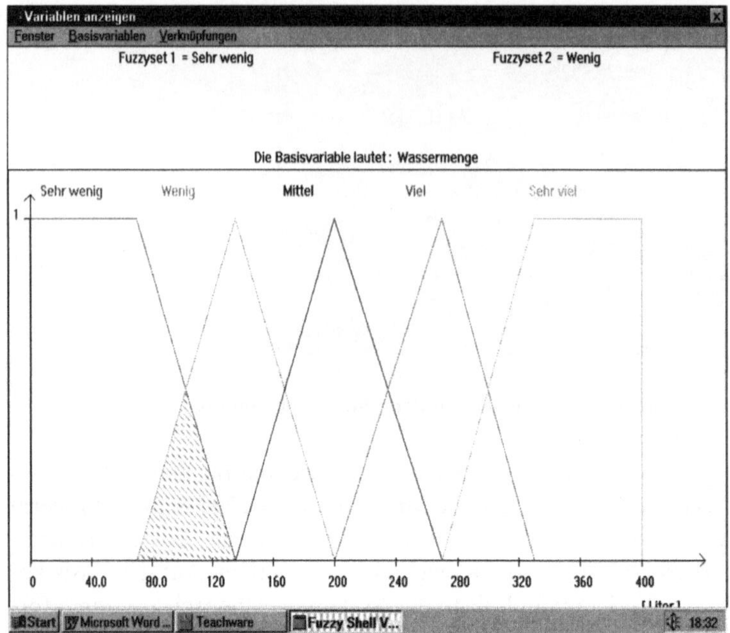

Abb. 6.6.   UND-Verknüpfung der beiden Fuzzy-Sets „Sehr wenig" und „Wenig"

Werden die gleichen Fuzzy-Sets mit ODER-verknüpft, so ergibt sich Abb. 6.7.

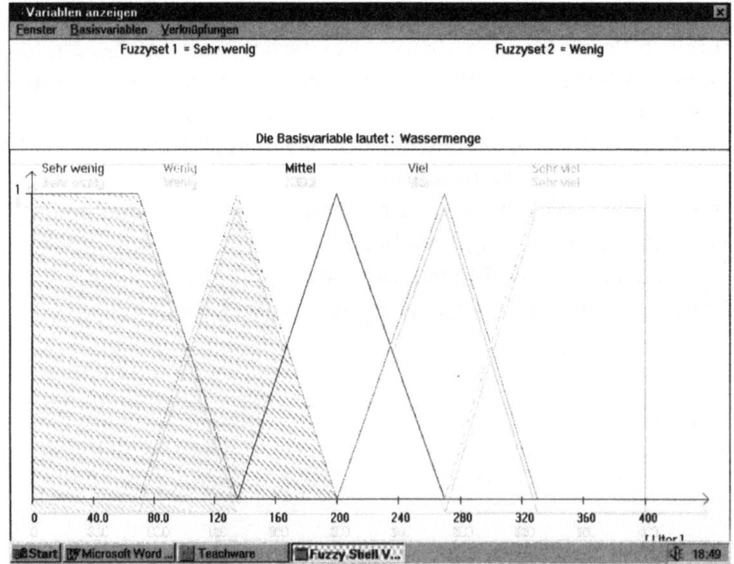

Abb. 6.7.   ODER-Verknüpfung der beiden Fuzzy-Sets „Sehr wenig" und „Wenig"

6.2.1.3 Eingabe der Regelbasis

Nach der Definition der Basisvariablen und der Festlegung der zugehörigen Fuzzy-Mengen (Fuzzy-Sets) müssen bestimmte **Regeln** aufgestellt werden (**Expertenwissen**), die angeben, **welche** Zusammenhänge zwischen den Eingangsgrößen **was** am Ausgang bewirken. Da in unserem Fall nur zwei Eingangsgrößen auftreten, können die Zusammenhänge übersichtlich in einem Feld dargestellt werden.

Nach dem Schließen des Fensters kommen wir wieder zurück zur Fuzzy-Shell. Über <**Variablen**> <**Verknüpfung**> öffnet sich dann das Fenster mit den **Verknüpfungsregeln** (Abb. 6.8). In Matrixform (eingetragen sind die festgelegten **Kürzel** der Variablen) ist hier dargestellt, **was** die **Kombinationen** aus den Eingangsvariablen E1 und E2 jeweils am Ausgang A1 **verursachen**. Es sind dabei **alle** Kombinationen berücksichtigt, die überhaupt existieren. Als **Art** der Verknüpfung der Eingangsgrößen ist in Abb. 6.8 **Minimum** eingetragen. Dies entspricht der **UND-Verknüpfung**.

Die **erste** Regel (Platz: **linke obere Ecke** !) muß dann wie folgt gelesen werden:

Wenn die **Wassermenge E1** zur Fuzzy-Menge **Sehr Wenig (SWe)** gehört **UND** die **Temperatur des zufließenden Wassers E2** zur Menge **Kalt (KA)**, **dann** ist die erforderliche Heizleistung **Sehr Klein (SKl)**, um eine Badewassertemperatur von 30 °C zu bekommen.

Kurz ausgedrückt: **WENN** *Wassermenge = Sehr wenig* **UND** *Temperatur = Sehr klein,*
DANN *Heizleistung = Sehr klein*

Die übrigen 24 Regeln sind entsprechend herauszulesen.

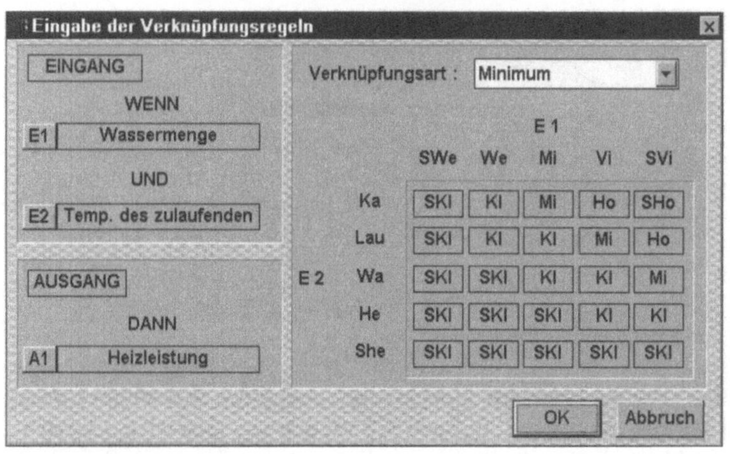

Abb. 6.8. Fenster zur Eingabe der Zusammenhänge (Regeln) zwischen den Eingangsgrößen und ihre jeweilige Wirkung auf die Ausgangsgröße

Die angegebenen Regeln wollen wir zunächst unverändert übernehmen und schließen das Fenster „Eingabe der Verknüpfungsregeln".

6.2.1.4 *Berechnung und Darstellung des Fuzzy-Systems*

Dies ist das Herzstück des gesamten Programms. Hier werden die **scharfen Eingangswerte** der einzelnen **Basisvariablen definiert**, die entsprechenden **Zugehörigkeitsgrade berechnet** und **angezeigt**. Danach werden die **Verknüpfungsregeln** verarbeitet und der **scharfe Ausgangswert** ermittelt und dargestellt.

Durch Eingabe von **<Berechnung> <Fuzzy-System>** erscheint Abb. 6.9.

Man kann erkennen, daß dieses Fenster in vier Teilbereiche unterteilt ist :
Darstellung der Operatoren und der Defuzzifizierungsmethode (links)
Darstellung der Eingangsgröße E 1 (rechts oben)
Darstellung der Eingangsgröße E 2 (rechts Mitte)
Darstellung der Ausgangsgröße A 1 (rechts unten)

Zunächst sollen alle Einstellungen unverändert bleiben.

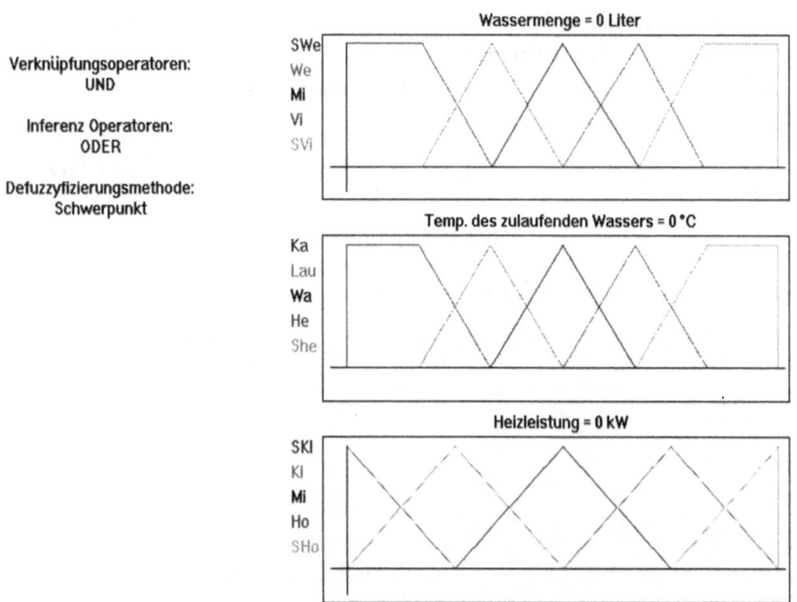

Abb. 6.9. Darstellung des Berechnungsfensters

In den einzelnen Diagrammen wird zunächst Null angezeigt. Betrachten wir das erste Diagramm (**Wassermenge**). Um einen scharfen Eingangswert einzugeben, klicken wir mit der Maus in das Fenster (innerhalb des Achsenkreuzes). Sie erkennen sofort, daß wir einen **scharfen** Eingangswert definiert haben. Dieser wird durch eine senkrechte schwarze Linie symbolisiert. Seine **Größe** ist oberhalb des Fensters hinter dem Namen der Basisvariablen (in Abb.6.10: **112,74 Liter**) dargestellt. Weiterhin kann man erkennen, daß die einzelnen **Zugehörigkeitsgrade** der

Fuzzy-Sets bunt angezeigt und mit prozentualer Größe unterhalb der X-Achse
dargestellt werden.

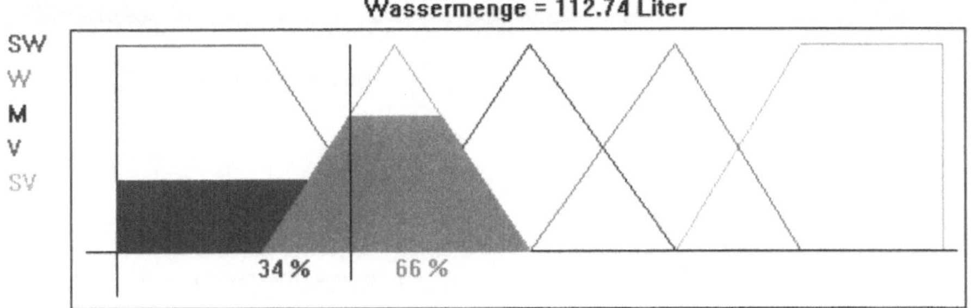

Abb. 6.10. Anzeige Wassermenge nach Klicken mit der linken Maustaste

Der Wert der Wassermenge (hier: 112.74 Liter) ist abhängig von der Position
der schwarzen Linie (Position des Mauszeigers). Um nun diesen Wert zu **verändern**, halten wir den **linken** Mausknopf **gedrückt** und bewegen die Maus innerhalb des Fensters. Man erkennt, daß die schwarze Linie dem Mauszeiger folgt und
daß die einzelnen Zugehörigkeitsgrade der Fuzzy-Sets sofort aktualisiert werden.
Dies ist sehr anschaulich gemacht, hat aber den Nachteil, daß exakte Werte (z.B.
118 Liter) nur sehr mühselig eingegeben werden können.

Deshalb wurde eine **zweite** Eingabe über die **Tastatur** vorgesehen. Klicken Sie
mit der **rechten** Maustaste in das Fenster **Wassermenge**. Dadurch wird ein Eingabedialog geöffnet, in dem man die entsprechenden Werte eingibt. Dabei ist zu beachten, daß nur Zahlen und die Zeichen „ + " bzw. „ - " in Ihrer Eingabe vor-
kommen dürfen. **Bestätigen** Sie die Eingabe bitte entweder mit der RETURN-
Taste oder mit dem **OK-Knopf** des Dialogs.

Die zweite Eingangsgröße (Temperatur des zufließenden Wassers) ist in der
gleichen Weise zu handhaben.

Wurde auch für die zweite Eingangsgröße ein Wert festgelegt, so hat das System alle erforderlichen Angaben und berechnet sofort die zugehörige Heizleistung (s. Abb. 6.11).

Um einen Überblick über die Zusammenhänge zu bekommen, geben Sie bitte
eine Wassermenge von 100 Liter ein (anklicken der rechten Maustaste). Fahren
Sie jetzt mit dem Mauszeiger (dabei linke Maustaste gedrückt halten) im Diagramm **Temperatur des zufließenden Wassers** von „Ka" (kalt) stetig bis „She"
(sehr heiß), so sinkt im unteren Diagramm die erforderliche Heizleistung in kleinen Schritten von 3,90 KW auf 1,91 KW. Dieses Verhalten entspricht etwa dem,
was wir erwarten. Unser Modell mit seinen Regeln spiegelt die Wirklichkeit also
recht gut wider.

Wir wollen jetzt **eine** der Regeln **ändern** und feststellen, welches Verhalten nun
auftritt. Nach Schließen des Fensters erscheint mittels **<Variablen>**
<Verknüpfungen> das Fenster „Eingabe der Verknüpfungsregeln" (Abb. 6.12).
Das Anklicken des Tabellenplatzes in der **Zeile** E2 = **Lau** und der **Spalte** E1 = **We**

(wenig) öffnet ein Dialogfenster. Durch Anklicken von **Mi** (mittel) erscheint dieser neue Wert statt des vorherigen (**Klein**) auf dem ausgesuchten Platz.

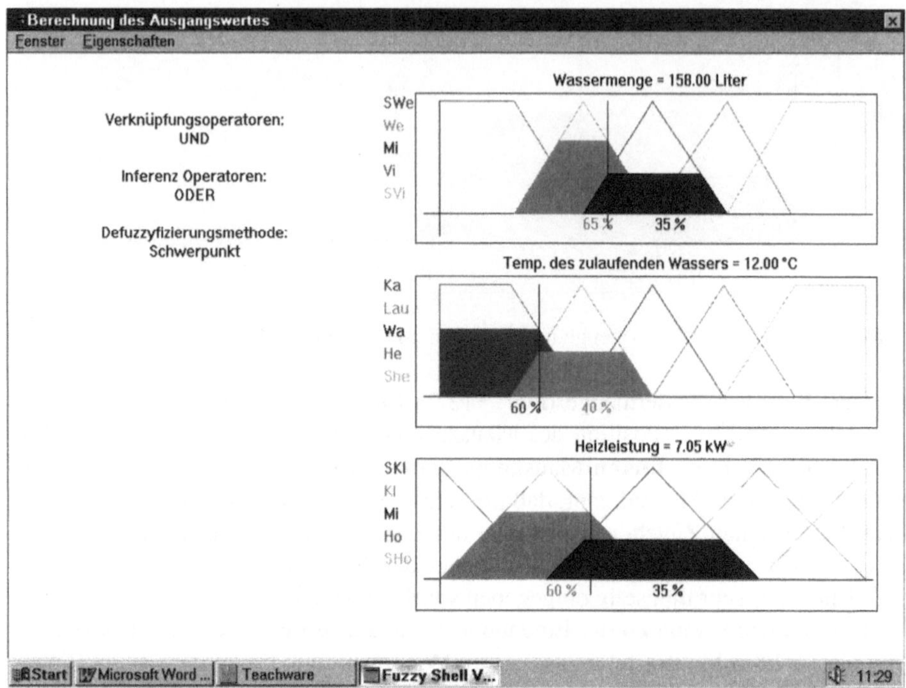

Abb. 6.11. Berechnungsfenster mit Eingangsgrößen und Ausgangswert

Wir quittieren mit **OK**. Das Fenster schließt sich und mittels **<Berechnung> <Fuzzy-System>** sind wir wieder im Berechnungsfenster.

Geben wir folgende Werte ein: 135 Liter (100% We) und 15 °C (100% Lau), so wird eine Heizleistung von 100% Mi angezeigt. Dies entspricht genau der gerade eingegebenen Regel. Fahren wir jetzt beginnend bei **kal**t mit gedrückter linker Maustaste den Temperaturbereich durch, so steigt zunächst die erforderliche Heizleistung auf ein Maximum von ca. 9,9 KW an (bei einer Eingangstemperatur von 15 °C) und fällt dann stetig ab. Dieses Verhalten entspricht nicht der Realität, d.h., wir haben eine **falsche** Regel eingegeben.

Auf diese Weise kann leicht nachgeprüft werden, ob das Modell mit den eingegebenen Regeln sich so verhält, wie es auf Grund physikalischer Gegebenheiten zu erwarten ist. Meist ist noch eine Korrektur notwendig.

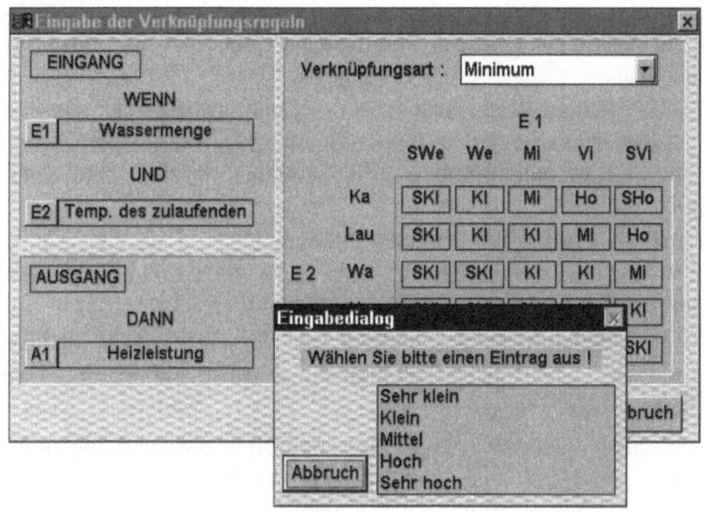

Abb. 6.12. Fenster der Verknüpfungsregeln mit geöffnetem Eingabedialog

6.2.2 Erstellung und Untersuchung eigener Programme

Liegen Problemstellungen mit nur **zwei** Eingangsvariablen vor, so kann das vorliegende Programm für eigene Untersuchungen unmittelbar verwendet werden.

6.2.2.1 Eingabe der Daten

Die Daten des Programmes müssen sehr sorgfältig eingegeben werden. Sobald nur eine Zahl außerhalb des Bereiches liegt, kann es im schlimmsten Fall zum Programmabsturz kommen. Um dies zu vermeiden, sind **Sicherheitsabfragen** und **Plausibilitätsprüfungen** im Programm eingebaut. Bei großen Zahlen ist es sinnvoll, die in der Mathematik bzw. in der Technik gebräuchlichen Abkürzungen für m(milli), k(kilo), M(mega) usw. zu benutzen.

Eingabe der Basisvariablen und der Fuzzy-Sets

Dies ist der erste Dialog, den Sie überhaupt auswählen können, nachdem Sie das Programm gestartet haben. Über die Menüleiste **<Variablen> <Bearbeiten>** erscheint das Fenster zur Eingabe der Variablen (s. Abb. 6.4).

Die Eingabe der Basisvariablen erfolgt über die **linke** Seite des Eingabedialogs.

- Durch Betätigen des oberen Editierfeldes wird das Feld zur Eingabe des **Namens** der Basisvariablen vorbereitet. Nachdem man den Namen eingegeben hat, der nicht länger als 9 Zeichen betragen sollte, kommt man mit der **Tab-Taste** in das folgende Eingabefeld.

- Die **Tab-Taste** dient dazu, ein Feld vor bzw. in Verbindung mit der **Shift-Taste** ein Feld zurück zu springen. Somit erspart man sich die mühselige Arbeit mit der Maus.
- Nun gibt man die beiden Werte für den Anfang und das Ende der Basisvariablen an. Hierbei ist zu beachten, daß nur Zahlen und die Zeichen „+ - ." benutzt werden dürfen, anderenfalls wird die Eingabe mit einer Fehlermeldung quittiert.
- Zuletzt gibt man die **Einheit** der Basisvariablen in dem Feld „Einheit :" ein.
- Um nun diese Daten zu **speichern**, müssen Sie auf die Taste „**S**peichern" klicken. Damit ist die erste **Basisvariable** gespeichert.
- Zur Eingabe der **nächsten Basisvariablen** muß die Taste „**N**eu" betätigt werden. Die Prozedur der Eingabe vollzieht sich genau so wie bei der ersten Basisvariablen.
- Die Taste „Löschen" dient dazu die **gerade angezeigte** Basisvariable zu löschen. Nachdem Sie diese Taste betätigt haben, erhalten Sie eine Sicherheitsabfrage. Diese Abfrage quittieren Sie dementsprechend mit „Ja" oder „Nein".

Die Eingabe der **Fuzzy-Sets** auf der rechten Seite kann nur dann erfolgen, wenn eine **gespeicherte Basisvariable** angezeigt wird.

Um ein Fuzzy-Set einzugeben, klickt man das obere Editierfeld der Fuzzy-Sets an. Dort gibt man den Namen des jeweiligen Fuzzy-Sets ein. Nun betätigt man die **Tab-Taste,** um in das nächste Eingabefeld zu gelangen.

Dort gibt man das Kürzel des Fuzzy-Sets ein. Das Kürzel sollte so gewählt werden, daß man später noch weiß, zu welchem Fuzzy-Set dieses Kürzel gehört. Aus diesem Grund sind doppelt vorkommende Kürzel eines Fuzzy-Sets in einer Basisvariablen verboten.

Durch erneutes Drücken der **Tab-Taste** erreicht man die Checkbox, mit deren Hilfe entweder ein dreieck- oder ein trapezförmiger Verlauf des Fuzzy-Sets ausgewählt werden kann. Die Auswahl kann mittels Maus bzw. Cursortasten erfolgen. Nachdem man eine Checkmarke aktiviert hat, erscheint oben rechts im Eck die zugehörige Grafik, welche die weitere Vorgehensweise der Eingabe der Daten des Fuzzy-Sets bestimmt.

Zu den jeweiligen Fuzzy-Set-Formen gehören auch dementsprechende Daten. Da eine Trapezform ein Datum mehr besitzt als eine Dreiecksform, wird ein weiteres Eingabefeld angezeigt.

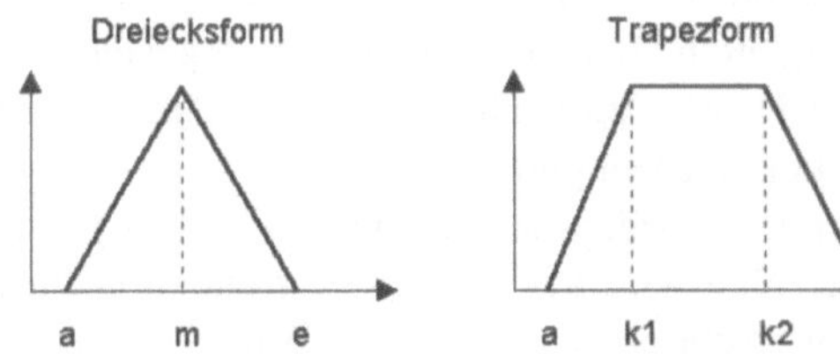

Abb. 6.13. Dreiecks- und Trapezform mit ihren Parametern

Dreiecksform

Anfang (a) :

Ende (e) :

Mitte (m) :

Trapezform

Anfang (a) :

Ende (e) :

Knick1 (k1)

Knick2 (k2)

Abb. 6.14. Dreiecks- und Trapezform mit ihren Eingabefeldern

Wie aus Abb. 6.14 zu erkennen ist, muß man, wenn man eine Dreiecksform ausgewählt hat, nur **drei** Werte eingeben, bei einer Trapezform aber **vier**.

- Man gibt nur dort einen Wert ein, wo ein Text vor dem Eingabefeld steht, denn das freie Feld wird nicht mit abgespeichert. Dabei ist zu beachten, daß die Daten des Fuzzy-Sets nur aus Zahlen und den folgenden Zeichen „+ - ." bestehen dürfen, sonst wird eine Fehlermeldung angezeigt.

- Um nun das Fuzzy-Set zu **speichern**, betätigt man die „**Speichern**"-Taste rechts im Fuzzy-Set-Dialog. Mit dieser Taste wird das komplette Fuzzy-Set unter der Basisvariablen, welche links angezeigt wird, abgespeichert. Außerdem werden alle Felder gelöscht und zur Eingabe des nächsten Fuzzy-Sets vorbereitet. Der Cursor springt automatisch in das Feld mit dem Namen des Fuzzy-Sets.

- Die Taste „**Löschen**" dient dazu, das momentan angezeigte Fuzzy-Set zu löschen. Falls Sie diese Variable löschen wollen, erhalten Sie eine Sicherheitsabfrage. Diese können Sie mit „Ja" oder „Nein" bestätigen.

- Um die Daten nicht zu verlieren, müssen Sie den Dialog mit **OK** beeenden.

Die weiteren Fuzzy-Sets werden auf die gleiche Weise eingegeben.

Ändern der eingegebenen Daten

Wird festgestellt, daß einige Daten nicht die korrekten Werte besitzen, können die Daten einfach editiert werden.

- Der Eingabedialog wird über das Menü **<Variablen> <Bearbeiten>** aktiviert.
- Man wählt eine Basisvariable über die Pulldown-Taste ▣ durch Anklicken aus. Diese wird dann mit ihren kompletten Daten in dem Dialog dargestellt.
- Will man nur **einen** Wert dieser Basisvariablen verändern, so geht man mit der Maus in das entsprechende Feld, klickt dies an und editiert es.
- Sobald die Änderungen vorgenommen wurden betätigt man die „Speichern"-Taste unterhalb der Basisvariablen. Nun wird aus Sicherheitsgründen nachgefragt, ob diese Variable wirklich überschrieben werden soll. Nachdem Sie die Abfrage mit „Ja" beantwortet haben, wird der neue Wert gespeichert.
- Der Vorteil liegt darin, daß die Fuzzy-Sets bei dieser Art nicht gelöscht werden. Im Gegensatz dazu wird das Fuzzy-Set der Basisvariablen natürlich gelöscht, wenn die Basisvariable selbst gelöscht wird.

Das Gleiche gilt natürlich auch für eine Korrektur bei den Fuzzy-Sets :

- Ein Fuzzy-Set mit der Pulldown-Taste ▣ auswählen.
- Die falsch eingegebenen Daten korrigieren.
- Die „Speichern"-Taste der Fuzzy-Sets betätigen, um die Daten zu sichern.
- Beenden des Dialogs mit OK.

6.2.2.2 Eingabe der Verknüpfungen

Den Verknüpfungsdialog erreicht man erst, wenn die Daten eingegeben worden sind. Anderenfalls ist die Auswahl des Dialoges über die Menüleiste gesperrt.

Mittels **<Variablen> <Verknüpfungen>** öffnet sich das Fenster zur Eingabe der Verknüpfungsregeln (Abb. 6.15).

Festlegung der Ein- und Ausgangsgrößen

- Um den **ersten** Eingang einer **Basisvariablen** zuzuordnen, klicken Sie bitte auf die E1-Taste. Daraufhin öffnet sich ein Dialog. Dort wählen Sie entsprechende Basisvariablen aus. Der Dialog wird automatisch geschlossen und die Variable wird hinter der E1-Taste angezeigt. Damit ist die erste Eingangsgröße definiert.
- Um die zweite Eingangsgröße festzulegen, betätigen Sie nun die E2-Taste. Der Ausgang wird entsprechend mit der A1-Taste ausgewählt.

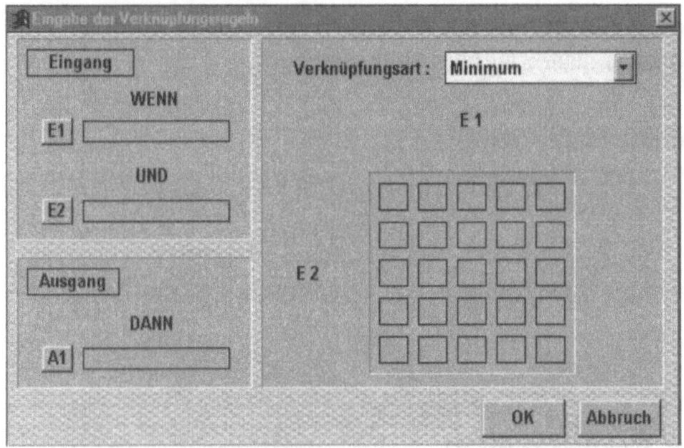

Abb. 6.15. Fenster zur Eingabe der Verknüpfungsregeln

Eingabe der einzelnen Regeln

- Nachdem alle Ein- und Ausgänge ausgewählt wurden, kann man nun die einzelnen Verknüpfungsregeln aufstellen. Dazu wird nur die Maus benötigt.
- Auf der rechten Seite sehen Sie ein zweidimensionales Feld. Dieses Feld besitzt oben und links die Kürzel der Fuzzy-Sets der einzelnen Eingänge. Um nun die Regeln in das zweidimensionale Feld zu bekommen, drücken Sie die linke Maustaste über dem entsprechenden Verknüpfungsplatz.
- Es wird ein Fenster geöffnet, in welchem die einzelnen Fuzzy-Sets des Ausgangs aufgeführt sind (vergl. Abb. 6.12). Um nun ein bestimmtes Fuzzy-Set in den vorher angeklickten Platz zu bekommen, wählen Sie es durch Anklicken aus.
- Der Dialog schließt sich automatisch, und das Kürzel des ausgewählten Fuzzy-Sets wird in den angeklickten Platz eingetragen.
- Nun haben Sie die erste Regel festgelegt. Diesen Vorgang wiederholen Sie nun bitte für alle übrigen Regeln.

Einstellen des Verknüpfungsoperators

- Um den Verknüpfungsoperator auszuwählen, betätigen Sie die Pulldown-Taste ▾. Es erscheint ein Pulldown-Fenster, in dem Sie einen bestimmten Operator auswählen können. Nachdem der Operator ausgewählt wurde, schließt sich das Fenster wieder und zeigt den Operator an (z.B. Minimum).

6.2.2.3 Abspeichern von Daten

Damit nicht alle Daten, die wir bis jetzt eingegeben haben, verloren sind, wollen wir unsere Daten zur Sicherheit in einer Datei ablegen. Dazu wählen wir das Menü **Datei/Speichern**. Es öffnet sich ein Fenster zum Eintragen des Dateinamens, der die Endung „.fuz" tragen muß.

Das Speichern der Daten sollte immer nach Eingabe der Verknüpfungsregeln vorgenommen werden. Folgende Daten werden abgespeichert:

- Alle Basisvariablen und ihre Fuzzy-Sets
- Alle Belegungen der Ein- und Ausgänge
- Alle Verknüpfungen

Nicht gespeichert werden die Einstellungen der Operatoren und die Defuzzifizierungsmethode.

6.2.2.4 Darstellung der Basisvariablen

Dieser Programmteil dient dazu, die vorher eingegebenen Daten auf ihre Richtigkeit hin zu überprüfen. Man gelangt in diesen Programmteil nur, wenn man mindestens **eine** Basisvariable eingegeben hat. Über das Menü <Variablen> <Anzeigen> wird die gewünschte Basisvariable ausgewählt (s. 6.2.1.1).

6.2.2.5 Darstellung und Berechnung des Fuzzy-Systems

Dieser Punkt wurde bereits unter 6.2.1.4 behandelt.

6.2.2.6 Veränderung der eingestellten Operatoren

Um den **Inferenz-Operator** zu verändern, müssen Sie über <Eigenschaften> <Inferenz-Operatoren > das Fenster aus Abb. 6.16 öffnen. In diesem Eingabedialog wählen Sie bitte eine der beiden Operatoren durch Anklicken aus. Sobald Sie ihre Wahl getroffen haben, bestätigen Sie diese mit dem OK-Knopf.

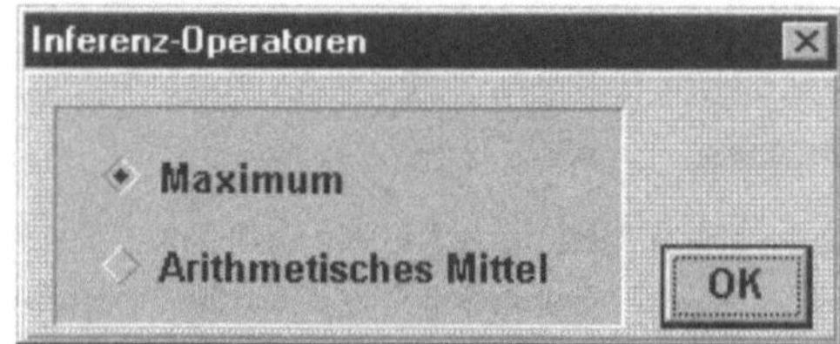

Abb. 6.16. Fenster zum Einstellen des Inferenz-Operators

Sobald der Dialog geschlossen wird, kann man erkennen, daß die Anzeige der Inferenz-Operatoren auf der linken Seite des Fensters den **neuen** Wert enthält. Dies hat den Vorteil, daß man immer alle Operatoren und Methoden auf einen Blick sieht.

Um die **Defuzzifizierungsmethode** zu verändern, müssen Sie über **<Eigenschaften> <Defuzzifizierungsmethoden>** ein anderes Fenster öffnen (Abb. 6.17). In diesem Eingabedialog wählen Sie bitte eine der beiden Defuzzifizierungsmethoden aus. Sobald ihre Wahl vollendet ist, drücken Sie den OK-Knopf und das Fenster schließt sich.

Die Änderung der Methode wird ebenfalls auf der linken Seite des Fensters aktualisiert.

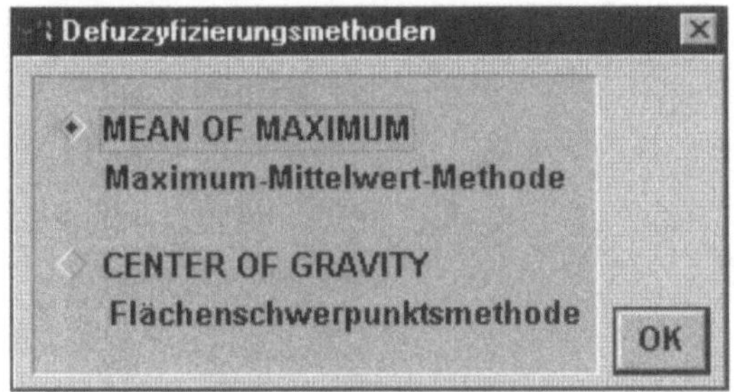

Abb. 6.17. Dialog zum Einstellen der Defuzzyfizierungsmethode

7 Das Programm Debug.exe

Im Modellcomputer wurde die Realisierung eines Maschinenbefehls durch das zugehörige Mikroprogramm simuliert. Wegen des wesentlich größeren Befehlsumfangs und der bequemeren Handhabung lassen sich Maschinenbefehle und daraus aufgebaute Programme effektiver mit dem DOS-Programm **Debug.exe** untersuchen. Dieses ist im Lieferumfang von Windows 3.x und späteren Versionen enthalten. Es dient dazu, Fehler in DOS-Programmen auf Assemblerebene zu beseitigen.

Abb. 7.1 zeigt die Registerstruktur des Mikroprozessors 8086. Alle nachfolgenden Intel-Prozessoren (80286, 80386, 80486 sowie die Pentium-Typen) sind hierzu aufwärts kompatibel.

AX	AH	AL	Akkumulator	CS		Codesegment
BX	BH	BL	Basisregister	DS		Datensegment
CX	CH	CL	Zählregister	ES		Extrasegment
DX	DH	DL	Datenregister	SS		Stacksegment

SP	Stackpointer	IP		Befehlszähler
BP	Basispointer			(Instr. Pointer)
SI	Quell-Index			
DI	Ziel-Index	F		Flagregister

Abb 7.1.   Registerstruktur des Mikroprozessors 8086

Bei allen in Abb. 7.1 dargestellten Registern handelt es sich um 16-Bit-Register (die Nachfolgetypen ab 80386 weisen eine 32-Bit-Architektur auf), wobei die allgemeinen Register AX, BX, CX und DX aus jeweils zwei 8-Bit-Registern bestehen, die auch getrennt angesprochen werden können. Dabei stellt z.B. AH (High) den höherwertigen und AL (Low) den niederwertigen 8-Bit-Anteil von AX dar. Die im Modellcomputer verwendeten Registerbezeichnungen können daher direkt übernommen werden, wenn z.B. anstatt A AL geschrieben wird.

In zwei Debugsitzungen soll beispielhaft die Arbeitsweise gezeigt werden.

Programmstart

Es soll der Debugger zusammen mit der auf dem Laufwerk D im Verzeichnis
DEBUGDAT befindlichen Datei ADD8BIT.COM gestartet werden. (Laufwerk D
wurde angenommen !)

Über ***Start>>Programme>>MS-DOS-Eingabeaufforderung*** oder durch Anklicken des Icons **MS-DOS-Eingabeaufforderung** wird das DOS-Fenster geöffnet. Der Start des Debuggers erfolgt nach Eingabe von:

debug d:\debugdat\add8bit.com <Return>

Erst nach Betätigung der Return-Taste wird der Befehl „abgeschickt" und ausgeführt. Auf dem Bildschirm erscheint als Bereitschaftszeichen (Prompt) ein Ge-
dankenstrich. Durch Eingabe eines Fragezeichens (und Return) werden, wie in
Abb. 7.2 dargestellt, die im Debugger vorhandenen Befehle mit den zugehörigen
Parametern aufgelistet.

```
-?
Assemblieren          A [Adresse]
Vergleichen           C Bereich Adresse
Anzeigen              D [Bereich]
Eingeben              E Adresse [Liste]
Füllen                F Bereich Liste
Starten               G [=Adresse] [Adressen]
Hex rechnen           H Wert1 Wert2
Einlesen              I E/A-Anschluß
Laden                 L [Adresse] [Laufwerk]
                        [Erster Sektor] [Anzahl]
Verschieben           M Bereich Adresse
Benennen              N [Pfadname] [Argumentenliste]
Ausgeben              O E/A-Anschluß Byte
Ausführen             P [=Adresse] [Anzahl]
Beenden               Q
Registeranz.          R [Register]
Suchen                S Bereichsliste
Verfolgen             T [=Adresse] [Wert]
Deassemblieren        U [Bereich]
Schreiben             W [Adresse] [Laufwerk]
                        [Erster Sektor] [Anzahl]
Expansionsspeicher reservieren   XA [Seitenzahl]
Expansionsspeicher freigeben     XD [Zugriffsnummer]
Expansionsspeicher zuordnen      XM [LSeite] [PSeite]
                        [Zugriffsnummer]
Expansionsspeicherstatus anzeigen   XS
-
```

Abb. 7.2. Auflistung der Befehle des Debuggers

Durch Eingabe von **q** (Quit) und <Return> kann der Debugger jederzeit **verlassen**
werden.

Die Rückkehr aus DOS zu Windows erfolgt durch Eintippen von **exit**.

Bitte beachten Sie, daß es sich um ein DOS-Programm handelt und daher die
Maus keine Zeigerfunktion besitzt. Bei allen Zahlenwerten handelt es sich um
Zahlen in Hexadezimaldarstellung (0 ... 9, A ... F, entspricht den Dezimalzahlen 0
... 9, 10 ... 15).

7.1 Erste Debugsitzung

Um das geladene Programm anzuschauen, das sich auf den Speicherplätzen 0100 bis 0120 befindet, muß man **u 100 120** eintippen und die Return-Taste betätigen. Es erscheint das folgende Listing. Alle Eingaben, die **manuell** vorgenommen wurden, sollen jetzt **kursiv fett**, die **Reaktionen des Rechners fett** und die nachträglich hinzugefügten in Klammern stehenden Bezeichnungen oder Kommentare normal dargestellt werden. Die Betätigung der Return-Taste, die erst den Befehl abschickt, ist dabei nicht dargestellt.

```
-u 100 120      (Befehl deassembliert den Bereich von 100
                bis 120)
2091:0100  C606800137   MOV   BYTE PTR [0180],37 (1)
2091:0105  C6068801D2   MOV   BYTE PTR [0188],D2 (2)
2091:010A  A08001       MOV   AL,[0180]          (3)
2091:010D  02068801     ADD   AL,[0188]          (4)
2091:0111  A29001       MOV   [0190],AL          (5)
2091:0114  B000         MOV   AL,00              (6)
2091:0116  7302         JNB   011A               (7)
2091:0118  FEC0         INC   AL                 (8)
2091:011A  A29101       MOV   [0191],AL          (9)
2091:011D  B44C         MOV   AH,4C             (10)
2091:011F  CD21         INT   21                (11)
-
```

Da eine COM-Datei (lauffähiges DOS-Programm mit der Endung **.com**) grundsätzlich auf der Adresse 100 (Hex) beginnt, wurden alle Adressen gegenüber dem Modellcomputer-Programm ADD_8BIT.CPU um 100 (Hex) erhöht. Die beiden ersten Befehle bewirken, daß die Speicherplätze 180 bzw. 188 mit den Konstanten (Bytes) 37 bzw. D2 geladen werden. Der Zusatz BYTE PTR ist erforderlich, um klarzustellen, daß nur ein Byte und nicht ein Word (Zwei-Byte-Größe) zu transportieren ist.

Das Programm **addiert** die Inhalte der beiden Speicherplätze, welche die Adressen 180 bzw. 188 haben, und legt die entstehende Summe auf den Plätzen 190 (niederwertiger Anteil) bzw. 191 (höherwertiger Anteil) ab. Es wurden nur die Befehle verwendet, die auch im Befehlsvorrat des Modellcomputers vorhanden sind. Die beiden letzten Befehle stellen den sauberen Programmabschluß dar. Damit kann die Befehlsfolge als **Programm** und nicht nur im Einzelschritt untersucht werden.

Vor der Untersuchung des Programms wollen wir uns erst die Speicherplätze anschauen.

```
-d 180 19f
2091:0180   7C 02 F2 AE BB 00 00 75-19 F2 AE 4F 32 C0
           26 86          ......u...O2.&.
2091:0190   05 50 8B D6 33 DB B8 A0-71 33 C9 F9 CD 21
           58 26          P..3...q3...!X&
-
```

Wie wir sehen, stehen alle möglichen Werte in diesem Bereich. Zur besseren Übersicht füllen wir den uns interessierenden Teil zunächst mit **Nullen**. Alle entstehenden Änderungen müßten dann vom Programm verursacht sein.

```
-f 180 192 00     (Füllbefehl, der den angegebenen Bereich
                   mit 00 beschreibt)
```
Kontrolle:
```
-d 180 19f
2091:0180    00 00 00 00 00 00 00 00-00 00 00 00 00 00
             00 00               ........
2091:0190    00 00 00 D6 33 DB B8 A0-71 33 C9 F9 CD 21
             58 26               ...3...q3...!X&
-
```

Der Bereich 180 bis 192 ist also jetzt mit **Nullen** gefüllt, der restliche Teil ist unverändert.

Bevor wir mit der Programmuntersuchung beginnen, wollen wir wissen, was in den Registern steht (Werte, die besonders interessant sind, werden unterstrichen dargestellt).

```
-r        (Befehl gibt die Inhalte der Register aus)
AX=0000   BX=0000   CX=0020   DX=0000   SP=FFFE   BP=0000
          SI=0000   DI=0000
DS=2091   ES=2091   SS=2091   CS=2091   IP=0100      NV UP EI
          PL NZ NA PO NC
2091:0100 C606800137   MOV BYTE PTR [0180],37
          DS:0180=00
-
```

Die allgemeinen Register AX, BX, CX und DX haben alle den Inhalt 0000, der Befehlszähler (Instruction-Pointer IP) zeigt auf die Adresse 0100 und dort steht folgender Befehl:

```
MOV BYTE PTR [0180],37
```

Da dieser Fünf-Byte-Befehl in den Speicherplatz Nr.0180 das Byte 37 einschreibt, ist noch dessen gegenwärtiger Inhalt angegeben (hier 00), da dieser nach Befehlsausführung überschrieben, also zerstört wird.

Wir arbeiten im Einzelschritt und lassen mittels des Befehls t (Trace - verfolgen) jeweils nur **einen** (die Eins in t1 ist nicht erforderlich) Befehl ausführen, um seine Auswirkungen besser erkennen zu können.

```
-t (Der erste Befehl - MOV BYTE PTR [0180],37 - soll
    abgearbeitet werden)
AX=0000   BX=0000   CX=0020   DX=0000   SP=FFFE   BP=0000
          SI=0000   DI=0000
DS=2091   ES=2091   SS=2091   CS=2091   IP=0105      NV UP
          EI PL NZ NA PO NC
2091:0105 C606880 1D2   MOV BYTE PTR [0188],D2
          DS:0188=00
-
```

Die dargestellten Werte stellen den Zustand **nach** Ausführung des ersten Befehls dar. Da es sich um einen fünf Byte langen Befehl handelte, ist der IP um fünf erhöht worden. Bei den übrigen Registern ist keine Änderung eingetreten. Die im Speicher erfolgte Änderung ist nicht sichtbar.

```
-t (Der zweite Befehl - MOV BYTE PTR [0188],D2 - soll
    abgearbeitet werden)
AX=0000  BX=0000  CX=0020  DX=0000  SP=FFFE  BP=0000
         SI=0000  DI=0000
DS=2091  ES=2091  SS=2091  CS=2091  IP=010A    NV UP
         EI PL NZ  NA PO NC
2091:010A A08001  MOV AL,[0180]                DS:0180=37
-
```

Jetzt wird ersichtlich, daß in der Zwischenzeit der Speicherplatz 0180 den Inhalt 37 bekommen hat.

```
-t   (Der dritte Befehl - MOV AL,[0180] - soll
      abgearbeitet werden)
AX=0037  BX=0000  CX=0020  DX=0000  SP=FFFE  BP=0000
         SI=0000  DI=0000
DS=2091  ES=2091  SS=2091  CS=2091  IP=010D    NV UP
         EI PL NZ  NA PO NC
2091:010D 02068801  ADD AL,[0188]              DS:0188=D2
-
```

AL, der niederwertige Teil von AX, wurde mit dem Inhalt der Speicherzelle Nr. 180 (dies ist 37) geladen.

```
-t   (Der vierte Befehl - ADD AL,[0188] - soll
      abgearbeitet werden)
AX=0009  BX=0000  CX=0020  DX=0000  SP=FFFE  BP=0000
         SI=0000  DI=0000
DS=2091  ES=2091  SS=2091  CS=2091  IP=0111    NV UP
         EI PL NZ  NA PE CY
2091:0111 A29001  MOV [0190],AL                DS:0190=00
-
```

Zu AL wurde der Inhalt der Speicherzelle Nr.0188 (D2) addiert. Der niederwertige Anteil der gebildeten Summe steht in AL (09). Außerdem wurde das Carry-Flag gesetzt. Dieses stellt z.Z. den höherwertigen Anteil der Summe dar. Die vorher erfolgten Transportbefehle hatten **keinen** Einfluß auf die Flags. Bei 4-Bit-Größen kann als Summe maximal auftreten.

$$F + F = Dez. (15 + 15) = Dez. 30 = Dez. (16 + 14) = Hex\ 1E$$

```
-t   (Der fünfte Befehl - MOV [0190],AL - soll
      abgearbeitet werden
AX=0009  BX=0000  CX=0020  DX=0000  SP=FFFE  BP=0000
         SI=0000  DI=0000
DS=2091  ES=2091  SS=2091  CS=2091  IP=0114    NV UP
         EI PL NZ  NA PE CY
2091:0114 B000  MOV AL,00
-
```

Der Inhalt von AL (der niederwertige Anteil der Summe) wurde auf den Speicherplatz Nr. 0190 kopiert. Mit dem nächsten Befehl- **MOV AL,00** wird AL auf
00 gesetzt. Da es sich um einen Transportbefehl handelt, bleibt das Carry-Flag
(unverändert) gesetzt.

```
-t
AX=0000   BX=0000   CX=0020   DX=0000   SP=FFFE   BP=0000
          SI=0000   DI=0000
DS=2091   ES=2091   SS=2091   CS=2091   IP=0116   NV UP
          EI PL NZ NA PE CY
2091:0116 7302   JNB 011A
-
```

Dieser Befehl (identisch mit dem eingegebenen Befehl **JNC**) fragt das Carry-
Flag ab. Ist es gesetzt, so wird mit dem nächsten Befehl AL auf EINS erhöht (dies
entspricht dem höherwertigen Anteil der Summe), andernfalls wird der Erhöhungsbefehl übersprungen.

```
-t
AX=0000   BX=0000   CX=0020   DX=0000   SP=FFFE   BP=0000
          SI=0000   DI=0000
DS=2091   ES=2091   SS=2091   CS=2091   IP=0118   NV UP
          EI PL NZ NA PE CY
2091:0118 FEC0   INC AL

-t
AX=0001   BX=0000   CX=0020   DX=0000   SP=FFFE   BP=0000
          SI=0000   DI=0000
DS=2091   ES=2091   SS=2091   CS=2091   IP=011A   NV UP
          EI PL NZ NA PO CY
2091:011A A29101   MOV [0191],AL            DS:0191=00
-t
AX=0001   BX=0000   CX=0020   DX=0000   SP=FFFE   BP=0000
          SI=0000   DI=0000
DS=2091   ES=2091   SS=2091   CS=2091   IP=011D   NV UP
          EI PL NZ NA PO CY
2091:011D B44C         MOV     AH,4C
-
```

Mit dem Befehl **MOV [0191),AL** wurde der höherwertige Anteil der Summe
auf dem Speicherplatz Nr. 0191 abgespeichert. Damit ist die Aufgabe gelöst. Die
beiden folgenden Befehlen (**MOV AH,4C** und **INT 21**) sorgen nur für einen
sauberen Programm-Abschluß.

```
-t
AX=4C01   BX=0000   CX=0020   DX=0000   SP=FFFE   BP=0000
          SI=0000   DI=0000
DS=2091   ES=2091   SS=2091   CS=2091   IP=011F   NV UP
          EI PL NZ NA PO CY
2091:011F CD21   INT 21
-
```

Kontrolle:

```
-d 190 191        (Anschauen des Bereiches 190 bis 191)
2091:0190  09 01
-
```

In normaler Reihenfolge (niederwertiges Byte steht rechts) wäre dies: 0109
Rechnung:

$$37H + D2H = 3*16 + 7*1 + 13*16 + 2*1 = 48 + 7 + 208 + 2 = 265 = 109H$$

Da es sich um ein lauffähiges Programm handelt, kann add8bit.com auch als **Programm** gestartet werden. Um saubere Verhältnisse zu bekommen wird der Debugger zunächst mittels *q* verlassen. Mit Eingabe von

debug d:\debugdat\add8bit.com <Return>

wird er wieder zusammen mit **add8bit.com** geladen.

```
-f 180 192 00                   (Füllen mit 00)

-d 180 192                      (Kontrolle)

2091:0180   00 00 00 00 00 00 00 00-00 00 00 00 00 00
            00 00

2091:0190   00 00 00


-r                      (Anschauen der Register)

AX=0000   BX=0000   CX=0021   DX=0000   SP=FFFE   BP=0000
          SI=0000   DI=0000
DS=2091   ES=2091   SS=2091   CS=2091   IP=0100      NV UP
          EI PL NZ NA PO NC
2091:0100 C606800137   MOV BYTE PTR [0180],37
          DS:0180=00
-
```

Da der Instruction-Pointer bereits auf 0100 steht, kann das geladene Programm direkt mit dem **G-Kommando** gestartet werden.

```
-g

Programm wurde normal beendet

-d 190 191  (Was steht auf den Ergebnisspeicher-
             plätzen?)

2091:0190   09 01-    Das Programm arbeitet also einwandfrei.
```

7.2 Zweite Debugsitzung

Das folgende Programm **add16bit.com** entspricht dem Programm ADD16BIT.CPU des Modellcomputers. Es addiert zwei 16-Bit-Operanden. Der erste Summand befindet sich auf den Speicherplätzen 180 (Low-Byte) und 181 (High-Byte), der zweite Summand auf den Plätzen 188 (Low-Byte) und 189

(High-Byte). Die Summe, die maximal drei Bytes umfassen kann, ist ab Adresse 190 (Low-Byte) abzuspeichern. Es sind nur die Befehle verwendet worden, die dem Befehlsvorrat des Modellcomputers entsprechen. Zu addieren sind die Hexadezimalzahlen:

        81FF und CDD2

Das folgende Protokoll zeigt die Vorgehensweise.

```
debug                    (Start des Debuggers)

- a 100                  (Assemblieren ab Adresse 100Hex)

2091:0100 MOV BYTE PTR [0180],FF    (Laden der
                                     Speicherplätze mit den vorgegebe-)

2091:0105 MOV BYTE PTR [0181],81    (nen Summanden)

2091:010A MOV BYTE PTR [0188],D2    (per Programm)

2091:010F MOV BYTE PTR [0189],CD

2091:0114 MOV AL,00      (Speicherplätze für den
                          höherwertigen Anteil)
2091:0116 MOV [0191],AL  (der Summe zunnächst mit)

2091:0119 MOV [0192],AL  (Nullen füllen)

2091:011C MOV AL,[0180]  (Low-Byte des 1.Summanden
                          nach AL und mit 2. Sum-)

2091:011F ADD AL,[0188]  (manden addieren)
                          Erg. in AL)

2091:0123 MOV [0190],AL  (Low-Byte der Summe in
                          190 abspeichern)

2091:0126 JNC 012C       (überspringe nächsten
                          Befehl, wenn Carry nicht)

2091:0128 INC BYTE PTR [0191] (gesetzt, sonst setze
                          EINS in Speicherst. 191)

2091:012C MOV AL,[0181]  (Hi-Byte des 1. Summanden
                          nach AL und)

2091:012F ADD AL,[0189]  (mit 2. Summanden add.,
                          Erg. in AL)

2091:0133 JNC 0139       (überspringe nächsten
                          Befehl, wenn Carry

2091:0135 INC BYTE PTR [0192] (nicht gesetzt, sonst
                          setze EINS in 192)

2091:0139 ADD AL,[0191]  (Add. zu AL Inhalt von
                          191, Erg.in AL)

2091:013D JNC 0143       (überspringe nächsten
                          Befehl, wenn Carry nicht)
```

2091:013F *INC BYTE PTR [0192]* (gesetzt, sonst add. EINS in 192)

2091:0143 *MOV [0191],AL* (Höherwert. Byte der Summe in 191 speichern)

2091:0146 *MOV AH,4C* (definierter Abschluß)

2091:0148 *INT 21*

-r (Zur Kontrolle des erstellten Programms Register betrachten)

```
AX=0000   BX=0000   CX=0049   DX=0000   SP=FFFE   BP=0000
SI=0000   DI=0000
DS=2091   ES=2091   SS=2091   CS=2091   IP=0100      NV UP EI
PL NZ NA PO NC
2091:0100 C6068001FF   MOV   BYTE PTR [0180],FF
                DS:0180=7C
```

-g   (Programmstart)

Programm wurde normal beendet

Überprüfung des Ergebnisses:

-d 190 192 (Was steht auf den Ergebnisspeicherplätzen?)

```
2091:0190   D1 4F 01
-
```

Die Addition
  81FF + CDD2 ergibt rechnerisch 14FD1.

Dies stimmt mit dem Ergebnis des Programms überein, wie die Inhalte der Speicherplätze zeigen. Dabei befindet sich das Low-Byte des Ergebnisses auf dem Platz 190.

Das Programm arbeitet also einwandfrei und soll wie folgt auf Diskette abgespeichert werden:

-n a:add16bit.com (Namen zum Abspeichern auf Diskette in A **add16bit.com**)

-rcx

CX 0000 (niederwertigen Teil des Zählers setzen)

:004A (4A Hex Bytes sind zu speichern. S. obige Liste: 100 bis 149 = 4A Bytes)

-rbx (höherwertigen Teil des Zählers)

BX 0000 (setzen: 0000)

:

-w 100 (ab Adresse 100 beginnen da COM-Datei)

```
0004A Bytes werden geschrieben
-
```

Damit wurde die Datei **add16bit.com**, welche 4A Hex Bytes umfaßt (4A Hex =74 Dez.), auf die Diskette im Laufwerk A geschrieben.

Verlassen des Debuggers mit *q*, zurück zu Windows mit *exit*.

Dies sollte nur ein kurzer Einstieg in das Arbeiten mit dem Programm Debug.exe sein und zeigen, daß die mit dem Modellcomputer erarbeiteten Kenntnisse hier unmittelbar eingesetzt werden können. Für eine intensivere Arbeit mit dem Debugger und der Programmierung in Maschinensprache sei auf die umfangreiche Literatur verwiesen [5], [11], [16].

8 Lösungen zu den Übungsaufgaben

Die ergänzte Tabelle sieht wie folgt aus: (Quellen: Lernprogramm und DesignLab)

Nr:	Eingangsvar.		Ausgangsgröße A bei den einzelnen Logikgattern					
	E2	E1	UND	ODER	NAND	NOR	Antivalenz	Äquivalenz
0	0	0	0	0	1	1	0	1
1	0	1	0	1	1	0	1	0
2	1	0	0	1	1	0	1	0
3	1	1	1	1	0	0	0	1
Schaltzeichen			E1 E2 & A	E1 E2 ≥1 A	E1 E2 & A	E1 E2 ≥1 A	E1 E2 =1 A	E1 E2 = A
TTL-Baustein			7408	7432	7400	7402	7486	-

Eigenschaften der wichtigsten Gatter

Nach obiger Tabelle ist dies beim **ODER**, beim **NAND** und bei der **Antivalenz** der Fall. Bei diesen Gattern genügt schon **ein** Eins-Signal an einem der Eingänge, um am Ausgang ebenfalls eine Eins zu bekommen.

Bei der linken Seite der Gleichung

$$A \vee (B \wedge C) = (A \vee B) \wedge (A \vee C)$$

handelt es sich um eine **Parallelschaltung** bestehend aus dem Schließer A und der Reihenschaltung der Schließer B und C.

Die rechte Seite der Gleichung stellt eine **Reihenschaltung** dar, welche aus den beiden Parallelschaltungen A,B bzw. A,C besteht. Das Kontaktnetzwerk sieht also wie folgt aus:

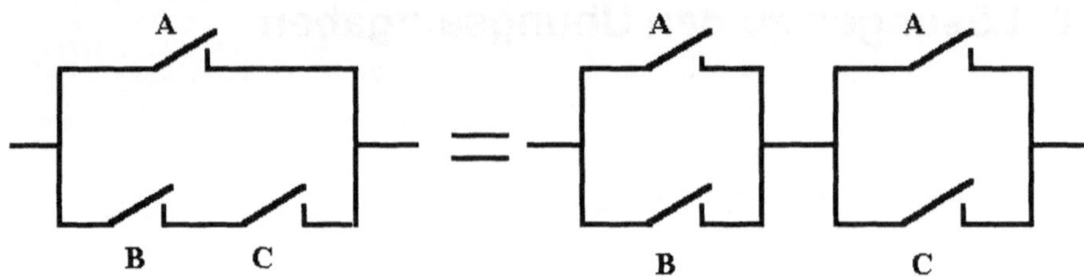

Für beide Seiten gilt: Ein Durchgang ist nur dann gegeben, wenn entweder der Kontakt A geschlossen ist oder wenn gleichzeitig die Kontakte B **und** C geschlossen sind. Beide Schaltungen verhalten sich also völlig gleich.

Aufgabe 4

Vorgegebene Wahrheitstabelle mit zugehöriger Konjunktiver Normalform (Lern-programm Kap. 4, Seite 9)

Aufstellung der Konjunktiven Normalform

Bsp.:

Nr.	C	B	A	X		
0	0	0	0	0	←	$A \lor B \lor C$ ⓪
1	0	0	1	1		
2	0	1	0	1		
3	0	1	1	0	←	$\bar{A} \lor \bar{B} \lor C$ ③
4	1	0	0	0	←	$A \lor B \lor \bar{C}$ ④
5	1	0	1	1		
6	1	1	0	0	←	$A \lor \bar{B} \lor \bar{C}$ ⑥
7	1	1	1	0	←	$\bar{A} \lor \bar{B} \lor \bar{C}$ ⑦

$$X = (A \lor B \lor C) \land (\bar{A} \lor \bar{B} \lor C) \land (A \lor B \lor \bar{C}) \land (A \lor \bar{B} \lor \bar{C}) \land (\bar{A} \lor \bar{B} \lor \bar{C})$$
$$\quad\;\; ⓪ \qquad\qquad ③ \qquad\qquad ④ \qquad\qquad ⑥ \qquad\qquad ⑦$$

Wegen der UND-Verknüpfung hat die Ausgangsgröße X den Wert Null, wenn mindestens einer der Klammerausdrücke den Wert Null hat. Die erste Klammer stellt eine ODER-Verknüpfung dar. Sie liefert dann Null, wenn gleichzeitig A=0, B=0 und C=0 sind. Dies ist nur in der Zeile Nr. 0 der Fall.

Die zweite Klammer ergibt Null, wenn gleichzeitig A=1, B=1 und C=0 sind. Dies trifft nur für Zeile Nr. 3 zu.

Die dritte Klammer ergibt Null, wenn gleichzeitig A=0, B=0 und C=1 sind. Dies trifft nur für Zeile Nr. 4 zu.

Die vierte Klammer ergibt Null, wenn gleichzeitig A=0, B=1 und C=1 sind. Dies trifft nur für Zeile Nr. 6 zu.

Die fünfte Klammer ergibt Null, wenn gleichzeitig A=1, B=1 und C=1 sind. Dies trifft nur für Zeile Nr. 7 zu.

Alle anderen Eingangskombinationen liefern Eins.

Also stimmt die Wahrheitstabelle der als Lösung angegebenen konjunktiven Normalform mit der vorliegenden Wahrheitstabelle überein.

Aufgabe 5

In US-Norm ergibt sich folgendes Schaltbild (AUFG5.sch):
Beim NAND-Gatter 7430 sind alle unbenutzten Eingänge auf Eins gelegt.

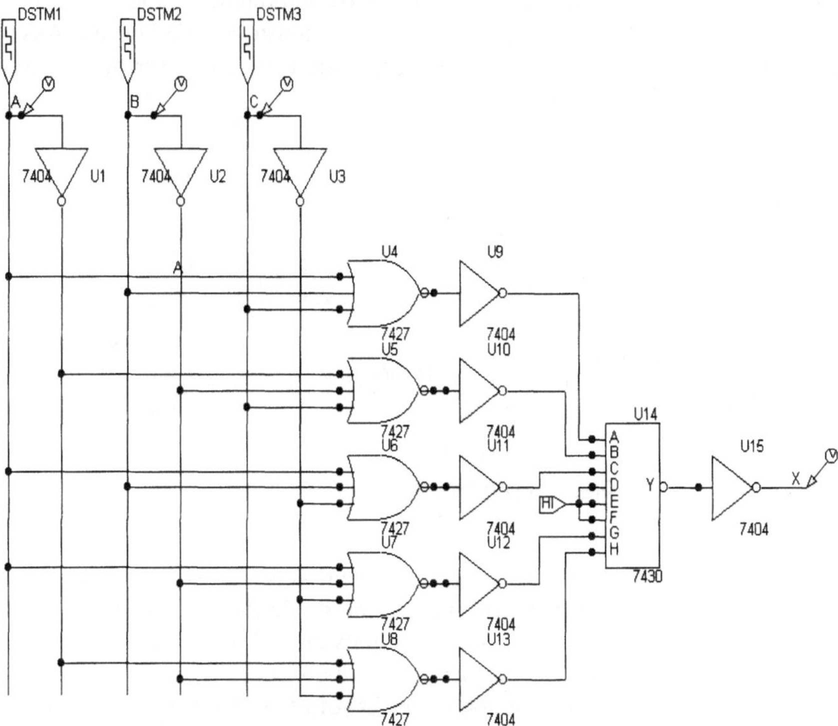

Das zugehörige Zeitliniendiagramm sieht wie folgt aus:

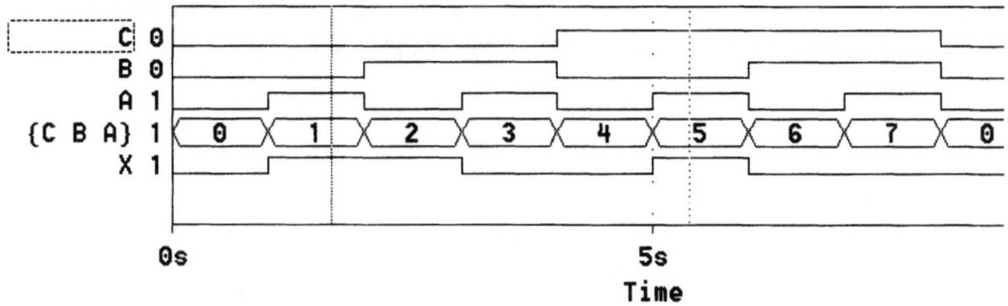

Wie man am Zeitliniendiagramm sehr schön erkennt, hat die Ausgangsgröße X an den Stellen (Zeilennummern) 0, 3, 4, 6 und 7 den Wert Null und an den Stellen

1, 2 und 5 den Wert Eins. Dies stimmt völlig überein mit der vorgegebenen Wahrheitstabelle.

Aufgabe 6 Einschaltverzögerung

Da nach Aufgabenstellung die **Verzögerungszeit** mit der **steigenden** Flanke des Eingangssignals E beginnt, muß ein dynamisches Monoflop mit aktiv steigender Flanke verwendet werden (74123). Schaut man sich das Zeitliniendiagramm des Monoflops 74123 an, so erkennt man, daß die UND-Verknüpfung von Eingangsgröße E und dem negierten Ausgang des Monoflops genau den Verlauf der Ausgangsgröße liefert, der nach Aufgabenstellung gefordert ist. Damit ergibt sich die folgende Schaltung (AUFG6.sch):

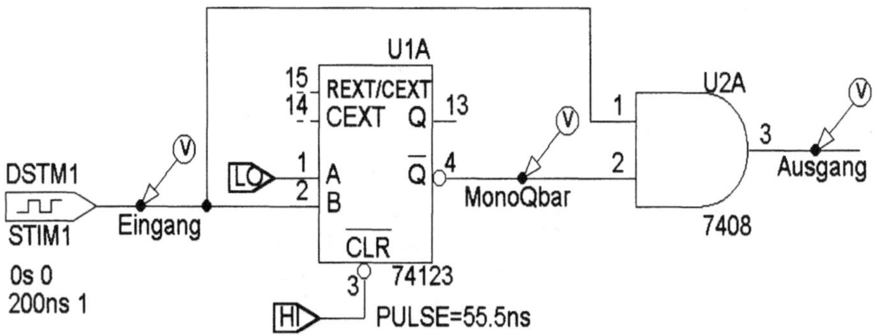

Das folgende Zeitliniendiagramm zeigt die Arbeitsweise dieser Schaltung. Um die Auswirkungen deutlich zu machen, wurde eine große Zeitauflösung gewählt. Wie man sieht, tritt am Ausgang ein kurzer Impuls auf (Glitch). Dieser rührt sicherlich daher, daß beim Auftreten der steigenden Flanke der Eingangsgröße E der negierte Ausgang des Monoflops MonoQbar nicht sofort auf Null springt, sondern noch für eine kurze Zeit den Wert Eins beibehält. Dies ergibt am Ausgang des UND-Gatters den kurzen Eins-Impuls. Bitte beachten Sie, daß die Anschlüsse 14 und 15 **keine** Bedeutung haben. Sie dienen nur als Platzhalter. Im Gegensatz zum „echten" IC können Sie hier also kein RC-Glied zur Beeinflussung der Verzögerungszeit anschließen. Sie können jedoch durch Doppelklick auf **PULSE=55,5ns** zum Experimentieren im sich öffnenden Fenster die Pulsweite verändern.

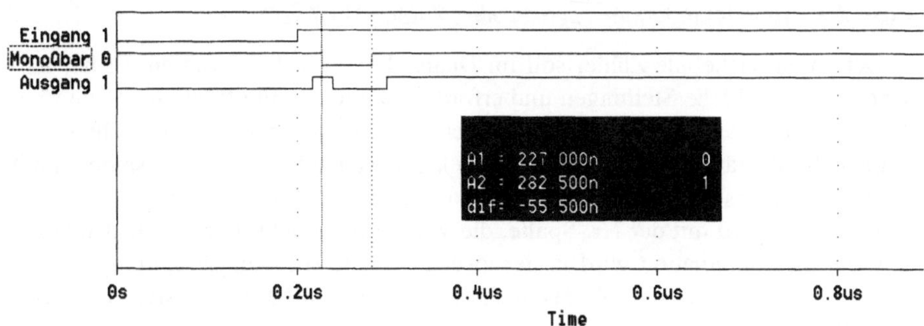

Um die innere Verzögerungszeit des Monoflops zu kompensieren, genügt es, den Signalweg der Eingangsgröße E ebenfalls zu verzögern. Dies geschieht in der folgenden Schaltung (AUFG61.sch) durch Einfügung eines einfachen UND-Gatters, bei dem nur dessen Gatterlaufzeit ausgenutzt wird.

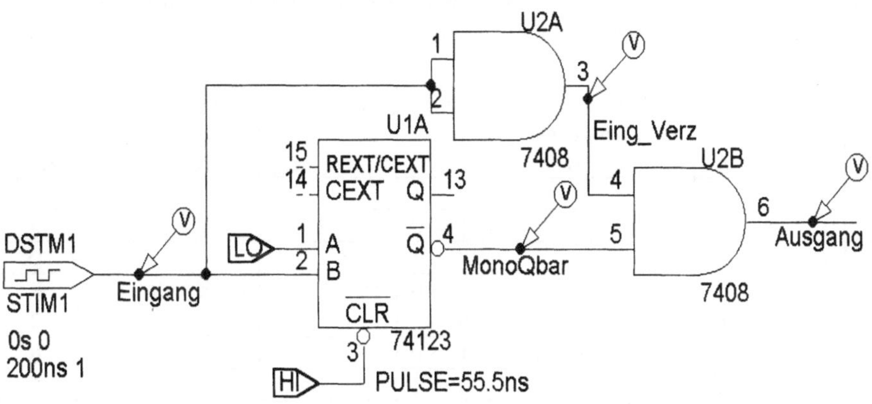

Das folgende Zeitliniendiagramm bestätigt das erwartete Verhalten.

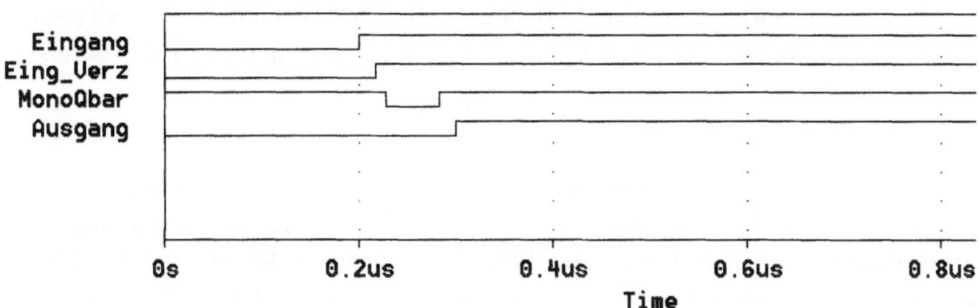

Aufgabe 7 Entwicklung eines aynchronen Zählers 0 - 7

Der zu entwickelnde Zähler soll im Dualcode von 0 bis 7 zählen. Er hat also acht unterschiedliche Stellungen und erfordert damit drei Flipflops. Jetzt kann mit der Erstellung der Tabelle begonnen werden. Da mit drei FFs nur acht unterschiedliche Zustände möglich sind, treten keine Redundanzen auf. Zusammen mit der Kopfzeile besitzt die Tabelle daher neun Zeilen und fünf Spalten.

Begonnen wird mit der Nr.-Spalte, die von 0 bis 7 reicht. Die im Dualcode zugehörige Bitkombination wird in der zweiten Spalte (FF-Ausgänge) eingetragen, wobei der Ausgang des FF C das höchstwertige Bit (MSB = most significant Bit) darstellt.

In der dritten Spalte werden nur die Änderungen der FF-Ausgänge eingetragen, die **erforderlich** sind, um die richtige Zählweise zu gewährleisten. Begonnen wird mit dem niederwertigsten Bit (LSB = least significant Bit), das ist der Ausgang von FF A. Dieses LSB ändert sich am stärksten. In der Zeile Nr. 0 muß A so vorbereitet werden, daß es mit der nächsten aktiven Taktflanke von Null auf Eins geht. In jeder folgenden Zeile soll es jeweils kippen. Befindet sich der Zähler im Zustand Nr.7, so soll zyklisch wieder Zustand Nr. 0 folgen.

Nr.	FF-Ausgänge			Änderung der FF-Ausgänge beim Übergang $t_n \rightarrow t_{n+1}$			Takt			Vorbereitungseingänge					
	C	B	A	C	B	A	C_{PC}	C_{PB}	C_{PA}	J_C	K_C	J_B	K_B	J_A	K_A
0	0	0	0			$0 \rightarrow 1$			!					1	X
1	0	0	1		$0 \rightarrow 1$	$1 \rightarrow 0$		!	!			1	X	X	1
2	0	1	0			$0 \rightarrow 1$			!					1	X
3	0	1	1	$0 \rightarrow 1$	$1 \rightarrow 0$	$1 \rightarrow 0$	!	!	!	1	X	X	1	X	1
4	1	0	0			$0 \rightarrow 1$			!					1	X
5	1	0	1		$0 \rightarrow 1$	$1 \rightarrow 0$		!	!			1	X	X	1
6	1	1	0			$0 \rightarrow 1$			!					1	X
7	1	1	1	$1 \rightarrow 0$	$1 \rightarrow 0$	$1 \rightarrow 0$	!	!	!	X	1	X	1	X	1

Tabelle mit den FF-Zuständen und den erforderlichen Werten der Vorbereitungseingänge

Entsprechend erfolgt die Eintragung für die FFs B und C.

Da es sich bei der Entwicklung um einen **asynchronen** Zähler handelt, ist jetzt zu klären, wie die **Taktgewinnung** erfolgen soll. Zum Takten des (niederwertigsten) FF A kommt nur der Zentraltakt C_P in Frage, da A sich mit jeder aktiven Taktflanke ändert.

$$C_{PA} = C_P$$

In der Takt-Spalte wird überall dort, wo eine aktive Taktflanke auftreten soll oder (nach Auswahl des Taktsignals evtl. zusätzlich) auftritt, ein Ausrufungszeichen eingetragen. Es soll andeuten, daß hier etwas passieren **kann**. Daher müssen in diesem Zeitpunkt an den Vorbereitungseingängen genau die Werte anliegen, welche zu den gewünschten Ausgangsgrößen führen. Tritt keine aktive Taktflanke auf (kein Ausrufungszeichen), so können an den Vorbereitungseingängen beliebige Werte anliegen, ohne an den FF-Ausgängen Änderungen hervorzurufen.

Nach der Tabelle muß das FF B jeweils in den Zeilen 1, 3, 5 und 7 seinen Zustand ändern. Da die nach Aufgabenstellung zu verwendenden FFs SN 7476 eine **aktiv fallende** Flanke besitzen, tritt eine Änderung des FF-Ausganges dann auf, wenn das anliegende Taktsignal von Eins auf Null wechselt. Da der Ausgang A exakt in den verlangten Zeitpunkten diesen Übergang aufweist, kann es zum Takten von FF B verwendet werden.

$$C_{PB} = A$$

Zum Takten von FF C kann der Ausgang von FF B verwendet werden, da B genau in den Zeilen 3 und 7, wo FF C sich ändern soll, den erforderlichen Übergang Eins auf Null aufweist.

$$C_{PC} = B$$

Auch hier ist keine Ergänzung der Ausrufungszeichen erforderlich, da am Ausgang A nur in den Zeilen ein Übergang von Eins auf Null stattfindet, wo er auch verlangt wird.

Gewünschte Zustandsfolge $Q_n \rightarrow Q_{n+1}$	Erforderliche Werte an den Bedingungseingängen	
	J	K
$0 \rightarrow 0$	0	x
$0 \rightarrow 1$	1	x
$1 \rightarrow 0$	x	1
$1 \rightarrow 1$	x	0

Folgezustandstabelle des JK-Flipflops (Lernprogramm Kap.14, Seite 6)

Nun sind nur noch die Werte der Vorbereitungseingänge in die Tabelle einzutragen.

Unter Berücksichtigung der Folgezustandstabelle des JK-FFs werden die Werte für die Bedingungseingänge wie folgt eingetragen:

- Übergang $0 \rightarrow 1$: überall, wo dieser Übergang auftreten soll, ist in den zugehörigen Eingängen für J Eins und für K ein X (Don't Care, beliebig) einzutragen.

- Übergang $1 \rightarrow 0$: überall, wo dieser Übergang auftreten soll, ist in den zugehörigen Eingängen für J ein X und für K Eins einzutragen.

Andere Übergänge treten in diesem Fall **nicht** auf. An allen anderen Stellen der Tabelle können die Vorbereitungseingänge J und K **beliebige** Werte aufweisen, da wegen der asynchronen Arbeitsweise keine aktive Flanke auftritt, d.h., diese Stellen könnte man sich mit X aufgefüllt denken. Damit lassen sich die Gleichungen für die Eingangsvariablen sofort angeben, ohne erst die zugehörigen KV-Tafeln aufstellen zu müssen. Denn wie die Tabelle zeigt, stehen in jeder J- oder K-Spalte nur Einsen oder X. Denkt man sich statt des beliebigen Wertes X die Eins, so würde die zugehörige KV-Tafel nur Einsen enthalten. Also läßt sich angeben:

$$J_C = J_B = J_A = K_C = K_B = K_A = 1$$

Die folgende zugehörige Schaltung in DIN-Norm mit zusätzlichen Markern ist im Verzeichnis D:\MSIMEV71\DINDATEI als Datei DINAUFG7.sch abgespeichert. (US-Version als Datei AUFG7 im Ordner EVALDAT).

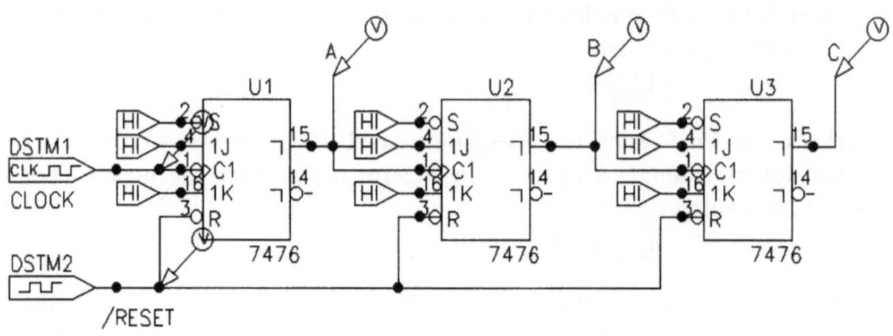

Asynchron-Zähler 0 bis 7 (DINAUFG7.sch)

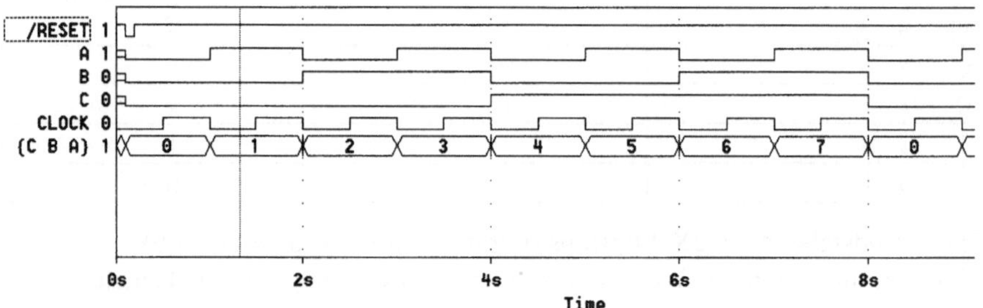

Zeitliniendiagramm des Asynchron-Zählers

Das zugehörige Zeitliniendiagramm läßt die Arbeitsweise gut erkennen. Zunächst befinden sich die FF-Ausgänge in einem undefinierten Zustand, der durch das nullaktive Reset-Signal beendet wird. Ab hier wird von Null bis sieben gezählt und dann wieder bei Null begonnen.

Während der Asynchron-Zähler bei niedrigen Frequenzen einwandfrei arbeitet, treten bei sehr hohen Frequenzen undefinierte Zustände auf. Mit dem DesignLab läßt sich dies anschaulich darstellen. In dem folgenden Zeitliniendiagramm wurden für das Clock-Signal CLK folgende Größen gewählt:

Delay = ONTIME =OFFTIME = 100 ns.

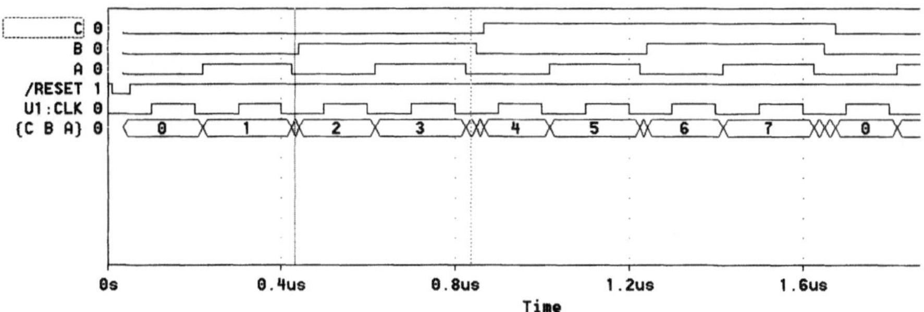

Zeitliniendiagramm des Asynchron-Zählers bei sehr hoher zeitlicher Auflösung

9 Installation des DesignLab

Das **DesignLab**, vorher **Design Center,** ist die Weiterentwicklung des bekannten Simulationsprogramms **PSpice,** gilt als De-facto-Industriestandard und gestattet die **Simulation analoger** und **digitaler Schaltungen**.

Da das Vollprogramm aus Kostengründen für den Normalstudenten ausscheidet, bietet die Firma **MicroSim Corporation** sehr großzügig eine kostenlose Testversion (Evaluation-Software) an, die zur Einführung in die Schaltungs-Simulation hervorragend geeignet ist. Auf diese Testversion beziehen sich die folgenden Ausführungen.

9.1 DesignLab Version 7.1

Die vorliegende **Kurzeinführung** in das DesignLab (MicroSim Eval 7.1) soll dabei eine auf das Wesentliche beschränkte Hilfe sein, wobei nur **digitale Schaltungen** betrachtet werden.

Sie enthält alle wichtigen Angaben, die erforderlich sind, um dem Benutzer den **Schaltplanentwurf**, die **Simulation** der **digitalen Schaltung** und die **Auswertung** der Ergebnisse zu ermöglichen.

Für intensivere Beschäftigung mit dem DesignLab sei auf die Literatur [1]-[5] sowie auf die englischsprachigen Handbücher der MicroSim Corporation hingewiesen, die sich auf der beiliegenden CD-ROM befinden.

Die wichtigsten Teilprogramme von **MicroSim Eval 7.1** in diesem Rahmen sind:

Schematics	Schaltplan-Editor mit Bibliotheksverwaltung
PSpice	Simulationsprogramm (Analog/Digital-Mixed-Mode-Simulation)
Probe	zur grafischen Ausgabe der Simulationsergebnisse (Software-Oszilloskop)
***Stimulus* Editor**	zur Generierung von Eingangssignalen
Parts	Makromodell-Editor für Halbleiterbauelemente

Als <u>minimale</u> **Systemkonfiguration** werden benötigt:

- IBM PC mit 80486 oder Pentium Prozessor
- mindestens 16 MByte Arbeitsspeicher

- SVGA-Karte oder höhere Auflösung
- CD-ROM-Laufwerk
- ca. 20 MByte freier Speicherplatz auf der Festplatte
- Windows 3.x oder Windows 95 /NT

9.1.1 Installation der Version 7.1 unter Windows 3.x oder Windows 95/NT

1. Starten Sie Windows.
2. Legen Sie die CD-ROM in das entsprechende Laufwerk und verriegeln Sie dieses.
3. Gehen Sie in das Verzeichnis **Msimev71**.
4. Lesen Sie die Datei **Readme.wri** und führen Sie die dort angegebenen Ergänzungen oder Änderungen durch. Als **Dateityp** ist dabei **Windows Write** (*.wri) einzugeben.
5. Wählen Sie die Option *Datei>>Ausführen* im Programmanager.
6. Tippen Sie ein: **F:\msimev71\setup.exe** (F sei dabei der angenommene Name des CD-ROM-Laufwerks !).
7. Befolgen Sie die Anweisungen in den Fenstern des Installationsprogramms.

Nach erfolgreicher Installation findet sich im Programmanager die neue Gruppe **DesignLab** .

Sollten Schwierigkeiten auftreten, so markieren Sie bitte in der Gruppe DesignLab das Icon PSCHED. Über *Gruppe>>Eigenschaft* öffnet sich das Fenster Eigenschaften. Im schmalen Programm-Fenster muß dann erscheinen:

D:\Msimev71\Psched.exe-i msim_evl.ini

Sollte dieser Eintrag unvollständig sein, so ergänzen Sie ihn bitte wie angegeben. Verfahren Sie in gleicher Weise mit den anderen Elementen des Fensters DesignLab.

9.1.2 Starten des Programmpaketes DesignLab Version 7.1

Der Einstieg erfolgt über **Schematics.** Unter Windows 3.x wird es durch einen Doppelklick mit der linken Maustaste auf das Schematics-Symbol (Icon) in der DesignLab-Gruppe gestartet. Bei Windows 95 erfolgt der Start über *Start>>Programme>>MicroSimEval7.1* und Anklicken von *Schematics.*

9.2 DesignLab Version 8

Kurz vor Abschluß der Arbeit am Manuskript erschien die Version 8 des DesignLab, die erhebliche Verbesserungen gegenüber der Vorgängerversion aufweist. Nachteilig ist allerdings, daß dieses Programmpaket nicht mehr unter Windows 3.x läuft, sondern Windows 95/NT voraussetzt. Um die Vorteile beider Versionen zu nutzen, sind auch beide auf der CD-ROM untergebracht. Die Version 7.1 befindet sich im Verzeichnis Msimev71, die Version 8.0 im Verzeichnis Msimev_8.

Erst bei der Installation ist zu entscheiden, welche Version auf die Festplatte kommen soll. Ein Anwender mit einem Windows 95-Rechner dürfte sich für die Version 8 entscheiden, während der Besitzer eines Windows 3.x-Rechners sich mit der 7.1-Version zu frieden geben muß.

Beachten Sie bitte, daß die Version 8 aufwärtskompatibel zur Vorgängerversion ist, d.h. Schaltungen, welche unter Msimev71 erstellt wurden, werden in Msimev_8 ergänzt (verändert) und können weiter verwendet werden. Diese so veränderten Dateien können aber nicht mehr mit der Version 7.1 benutzt werden.

9.2.1 Installation der Version 8 unter Windows 95/NT

1. Starten Sie Windows 95/NT.
2. Legen Sie die CD-ROM in das entsprechende Laufwerk und verriegeln Sie dieses.
3. Gehen Sie in das Verzeichnis **Msimev_8**.
4. Lesen Sie die Datei **Readme.wri** und führen Sie die dort angegebenen Ergänzungen oder Änderungen durch. Als **Dateityp** ist dabei **Windows Write** (*.wri) einzugeben.
5. Wählen Sie die Option *Datei>>Ausführen* im Programmanager.
6. Tippen Sie ein: **F:\msimev_8\setup.exe** (F sei dabei der angenommene Name des CD-ROM-Laufwerks !).
7. Befolgen Sie die Anweisungen in den Fenstern des Installationsprogramms.

9.2.2 Starten des Programmpaketes DesignLab Version 8.0

Der Start des Programmpaketes erfolgt über *Start>>Programme>>DesignLab Eval8* und Anklicken von **Schematics.**

9.3 Installation des Acrobat Reader

Die CD-ROM enthält zusätzlich zu den Programmen alle Original-Handbücher (Manuals) beider Versionen. Um diese lesen oder ausdrucken zu können, muß der Acrobat Reader, der in der Version 3 mitgeliefert wird, installiert werden.

1. Wählen Sie bei eingelegter CD die Option *Datei>>Ausführen* im Programmanager.
2. Tippen Sie ein: **F:\msimev_8\Adobe\setup.exe.** (F sei dabei der angenommene Name des CD-ROM-Laufwerks!).
3. Befolgen Sie die Anweisungen in den Fenstern des Installationsprogramms.

9.4 Anschauen der Handbücher mittels Acrobat Reader

1. Wählen Sie unter Windows95 bei eingelegter CD die Option *Start>>Ausführen.*
2. Tippen Sie ein: **F:\msimev_8\Autorun\Splash.exe.**
   Es öffnet sich das Fenster **MicroSim Evaluation CD-ROM.**
   Klicken Sie auf das **Icon** von **Browse CD.ROM.**
   Machen Sie einen Doppelklick im neuen Fenster auf **Msimev_8.**
   Doppelklicken Sie auf **Doc.**
   Jetzt erscheint ein Fenster mit allen vorhandenen Handbücher der Version 8.
   Doppelklick auf **Bookset.pdf** liefert eine Liste der Handbücher in Klartext,
   welche Sie sich nun anschauen bzw. ausdrucken können.
   Wollen Sie wieder auf diese Bücher zugreifen, so geht es nun einfacher mittels

   Start>>Dokumente und Anklicken von. **Bookset.pdf.**

   Bei der Version 7.1 beginnen Sie entsprechend mit der Eingabe von:
   Datei>>Ausführen im Programmanager und:
   F:\msimev71\Autorun\Splash.exe.

9.5 Einrichten von Arbeitsverzeichnissen auf der Harddisk

Soll mit den auf der CD-ROM befindlichen Schaltungsdateien mittels DesignLab gearbeitet werden, so müssen diese (sie wurden mit der Version 7.1 erstellt) auf die Harddisk kopiert werden, weil das DesignLab neue Dateien erzeugt, welche abgespeichert werden müssen. Dies ist auf einer CD-ROM aber nicht möglich.

Achtung: Setzen Sie nach der Übertragung unbedingt das Datei-Attribut **Read only** mit dem Dateimanager oder Explorer zurück.

9.5.1 Verzeichnis für DIN-Dateien

Richten Sie im Verzeichnis **D:\Msimev71** bzw. **D:\Msimev_8** (dieses wurde bei der Installation des DesignLab automatisch angelegt!) ein Unterverzeichnis mit dem Namen **Dindatei** ein und kopieren Sie alle auf der CD-ROM im Verzeichnis **F:\Desigdat\Dindatei** befindlichen Dateien in dieses hinein. Wollen Sie mit diesen Dateien arbeiten, so muß die Library **Din.slb** eingebunden sein.

9.5.2 Verzeichnis für Dateien mit US-Schaltsymbolen

Richten Sie im Verzeichnis **D:\Msimev71** bzw. **D:\Msimev_8** ein Unterverzeichnis mit dem Namen **Evaldat** ein und kopieren Sie alle auf der CD-ROM im Verzeichnis **F:\Desigdat\Evaldat** befindlichen Dateien hinein. Wollen Sie mit diesen Dateien arbeiten, so muß die Library **Eval.slb** eingebunden sein.

9.6 Einbinden der Library Din.slb

Da die beim DesignLab mitgelieferte Datei **Eval.slb** die US-Schaltzeichen der Digital-Bausteine enthält, soll zunächst die Datei **Din.slb** geladen werden. Sie enthält DIN-Schaltzeichen und ist dem sehr empfehlenswerten Buch „Das PSpice Design Center Arbeitsbuch" von Martin Santen [1] mit freundlicher Genehmigung des Verfassers entnommen worden. Beachten Sie bitte, daß diese Datei im Vergleich mit Eval.slb sehr viel weniger Bausteine beinhaltet. Ihre Verwendung ist im Rahmen des Lernprogramms deshalb auf Digitaltechnik 1 beschränkt. Wem der Vorteil der DIN-Darstellung nicht so gravierend erscheint, der kann auch hier bei der US-Norm bleiben, da alle verwendeten Schaltungsdateien sowohl in DIN-Norm (kenntlich an der Vorsilbe DIN im Dateinamen) wie auch in US-Norm vorliegen.

Zum **Einbinden** der Datei **Din.slb** gehen Sie bitte wie folgt vor:

- Kopieren Sie aus dem Verzeichnis **F:\Desigdat\Dinlib** der CD-ROM alle Dateien in das Verzeichnis **D:\Msimev71\Lib** bzw. **D:\Msimev_8\Lib** (D ist dabei die angenommene Laufwerksbezeichnung).
- Starten Sie Schematics.
- Klicken Sie über *Options>>Editor Configuration>>Library Settings* in dem geöffneten Fenster auf **Browse**.
- Markieren Sie im Browse-Fenster **Din.slb** und klicken Sie auf **öffnen**.
- Im Library-Settings-Fenster ist jetzt unter Library Name eingefügt: **D:\msimev71\lib\Din** bzw. **D:\Msimev_8\Lib\Din**
- Klicken Sie auf **ADD***.
- Markieren Sie im Fenster die Datei **Eval.slb** und löschen Sie diese über **Delete**.
- Im Fenster **Editor Configuration** ist jetzt **Din** enthalten und **Eval** verschwunden.
- Bestätigen Sie mit **OK**.

9.7 Handhabung der vorliegenden Schaltungsdateien unter Verwendung der Version 8

Die in die Unterverzeichnisse Dindatei und Evaldat kopierten Schaltungsdateien wurden mit der Version 7.1 erstellt. Wollen Sie zusammen mit dem Lernprogramm diese Schaltungen und die zugehörenden Zeitliniendiagramme **unverändert** darstellen, so können Sie einfach auf diese Verzeichnisse zugreifen. Wollen Sie aber die gegebenen Schaltungen **verändern**, so speichern Sie diese **geänderten** Dateien im dafür vorgesehenen Verzeichnis **Projects.** Diese Dateien sind mit weiteren Informationen entsprechend der Version 8 versehen und laufen nicht mehr unter der Vorgängerversion.

9.8 Einschränkungen bei den Testversionen

Die Testversionen haben zwar nur wenige **funktionale** Einschränkungen, sie sind jedoch wie jede Testversion in ihrer **Leistungsfähigkeit** eingeschränkt (s. Datei Readme.wri auf der CD-ROM!).

Hier einige Einschränkungen:

- Es können maximal 50 einfache Bauteile („primitive Classes") auf einer Seite verwendet werden.
- Es ist keine andere Seitengröße als A-size[1] wählbar;
- Schaltpläne können nicht über mehrere Seiten gezeichnet werden.
- Es wird nur ein Teil der verfügbaren Modell- und Symbolbibliotheken mitgeliefert; es können allerdings bis zu 20 selbsterstellte Bauteile hinzugefügt werden.
- Es können insgesamt nur 9 Symboldateien geladen werden.

9.9 Die Grundfunktionen der Maus

Linke Maustaste klicken:	Auswahl eines Punktes
Linke Maustaste doppelklicken:	Beenden eines Modus
Linke Maustaste auf einem ausgewählten Objekt doppelklicken:	Editieren eines Objekts
<Shift>+ linke Maustaste klicken:	Auswahl mehrerer Objekte
Rechte Maustaste klicken:	Abbrechen eines Modus
Rechte Maustaste doppelklicken:	Wiederholen einer Aktion

---

[1] A-size = 9,7 x 7,2 inch (24,64 x 18,9 cm)

10 Arbeiten mit dem DesignLab

10.1 Voreinstellungen

Nach dem Start von *Schematics* sollte man einige Grundeinstellungen überprüfen.

Hierzu wird im Hauptmenüpunkt ***Options*** (ermöglicht die anwenderspezifische Einstellung der Arbeitsoberfläche) der Untermenüpunkt ***Display Options...*** angewählt. Dort (Abb. 10.1) sollten folgende Punkte eingeschaltet sein:

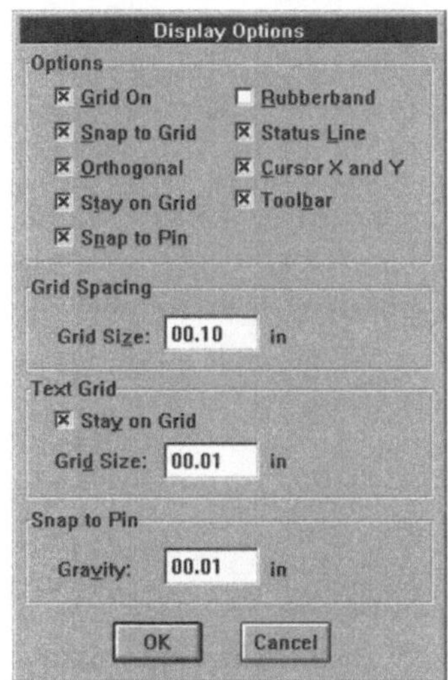

Abb. 10.1. Grundeinstellung der Arbeitsoberfläche

- *Grid On* (Rasterpunkte anzeigen)
- *Snap to Grid* (in Verbindung mit *Stay on Grid* rasterunabhängiges Verschieben der Bauteile und Leitungen <u>vor</u> dem Plazieren ermöglichen)
- *Orthogonal* (Leitungen nur horizontal oder vertikal verlegen)
- *Stay on Grid* (Bauteile und Verbindungsleitungen nur auf Rasterpunkten plazieren)
- *Snap to Pin* (in Verbindung *mit Snap to Pin/Gravity* wird beim Absetzen einer Leitung in der Nähe eines Pins diese automatisch an den Pin angeschlossen)
- *Status Line* (Statuszeile (am unteren Bildrand) anzeigen)
- *Cursor X and Y* (Koordinaten in der Statuszeile anzeigen)

- *Toolbar* (Anzeigen der Icons)
- *Grid Spacing/Grid Size* gibt den Abstand der Rasterpunkte an
- *Text Grid Size* gibt das (unsichtbare) Textraster an
- *Snap to Pin/Gravity* gibt die Anziehungskraft eines Pins an

Unter **Options>>Editor Configuration...** sollte bei *Autosave interval:__ min* eine Zeit, z. B. 10 min, eingetragen sein (Abb. 10.2). Dabei wird festgelegt, in welchem Zeitintervall eine Sicherheitskopie der momentan geöffneten Schaltung angelegt wird. Sicherheitskopien haben als dritten Buchstaben der Dateiendung ein „v" also beispielsweise statt der Endung *.sch die Endung *.scv.

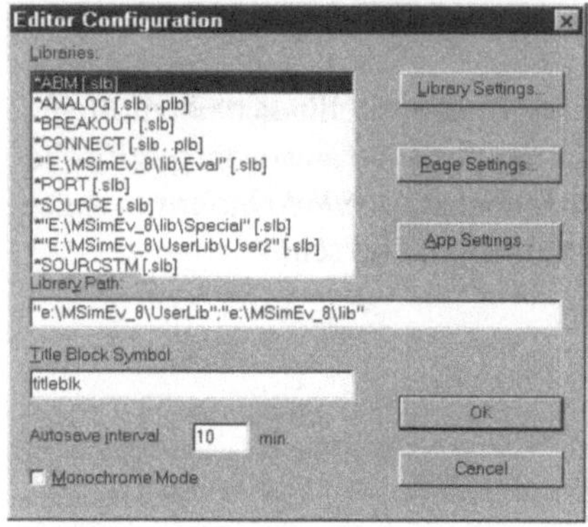

Abb.10.2. Das Konfigurationsmenü des Schaltplan-Editors

Es sollten folgende Punkte im Hauptmenüpunkt **Analysis**, Untermenüpunkt **Probe Setup...** aktiv sein:

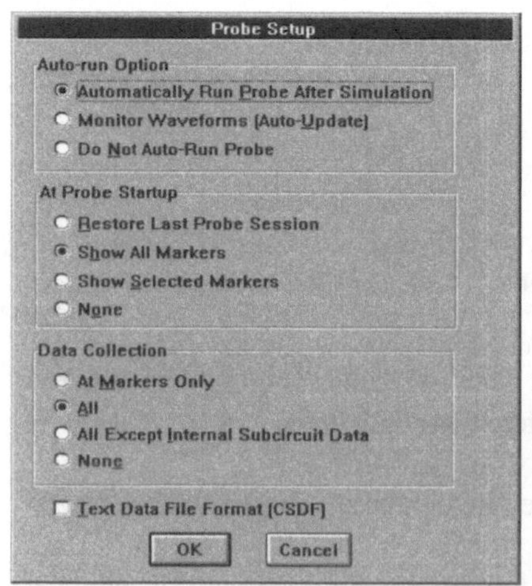

Automatically Run Probe After Simulation startet nach der Simulation *Probe* automatisch.

Show All Markers stellt alle Signale, die in *Schematics* mit einem Marker versehen sind, automatisch dar.

All veranlaßt den Simulator, alle Daten für *Probe* zu speichern.

Abb.10.3. Steuerung der Ausgabedateien für *Probe*

10.2 Eingabe eines Schaltplanes

Hinweis: Wenn nicht anders angegeben, ist bei „Anklicken" immer die linke Maustaste gemeint!

Bei gedrückter **Alt-Taste** wird mit Eingabe des unterstrichenen Buchstabens eines Menüpunktes bzw. Eingabe einer Tastenkombimation, z. B. **<Strg>+<A>**, dieselbe Funktion ausgeführt wie durch Anklicken des Menüpunktes.

Mit **<F1>** kann auf die ausführliche englischsprachige Hilfe zugegriffen werden.

In der Titelzeile ist als Schaltungsbezeichnung *<new>* eingetragen; es wird also ein neuer Schaltplan eingegeben. Aufgrund der Autosave-Funktion ist es ratsam, Schaltpläne noch vor dem eigentlichen Zeichnen im Hauptmenü *File* unter *Save As...* abzuspeichern. Im Dialogfenster *Save As* wird die Schaltungsbezeichnung – maximal acht Zeichen, keine Leerzeichen, z. B. UEBUNG1 – eingegeben. Nun erscheint in der Titelzeile die gewünschte Schaltungsbezeichnung mit der angehängten Endung „*sch*" für *Schematics*.

10.2.1 Bauteile aufrufen und plazieren

Die zu zeichnenden Bauteile stehen unter dem Hauptmenüpunkt *Draw*, Untermenüpunkt *Get New Part...* sowie der Tastenkombination <Strg>+<G> zur Verfügung. In dem nun geöffneten Fenster kann man, wenn die Bauteilbezeichnung bekannt ist, diese direkt eingeben. Ansonsten muß man das Feld *Browse...* anklicken, um das gewünschte Bauteil zu suchen. Dazu ist im nun erscheinenden Fenster *Get Part* bei *Library* die Bauteilgruppe, z. B. *eval.slb*, anzuklicken. Anschließend können bei *Part* Bauteile angeklickt werden, um bei *Description* jeweils eine kurze Beschreibung des Bauteils zu erhalten. Für die endgültige Auswahl muß nur noch das gewünschte Bauteil bei *Part* per Doppelklick oder *OK* aktiviert werden.

Das Schaltungssymbol befindet sich nun schwarz und schemenhaft am Mauszeiger und wird durch Drücken der linken Maustaste plaziert. Wenn das Bauteil mehrfach benötigt wird, läßt sich durch erneutes Drücken der linken Maustaste das Schaltungssymbol an jeder anderen Stelle zusätzlich plazieren. Mit einem Klick der rechten Maustaste wird der Vorgang abgeschlossen. Das (zuletzt) plazierte Schaltungssymbol ist jetzt rot dargestellt. Es ist nun aktiv und kann bei gedrückter linker Maustaste verschoben oder mit *Edit>>Rotate* (<Strg>+<R>) in 90°-Schritten rotiert oder mit *Edit>> Flip* (<Strg>+<F>) gespiegelt werden.

10.2.2 Entfernen von Bauteilen

Falsch oder zuviel gezeichnete Bauteile werden nach einmaligem Anklicken mit der linken Maustaste rot dargestellt und können dann mit der **Entf-Taste** gelöscht werden.

Um mehrere Teile gleichzeitig zu editieren, können weitere Teile entweder bei gedrückter **Shift-Taste** angeklickt werden (dann ebenfalls rot dargestellt), oder es wird ein ganzes Gebiet gewählt, wozu der Mauszeiger erst auf einen Eckpunkt eines gedachten Rechtecks des zu editierenden Gebietes gebracht wird und dann bei gedrückter linker Maustaste die gegenüberliegende Ecke angefahren wird. Nach dem Loslassen der Maustaste sind alle Teile im aufgezogenen Rahmen rot dargestellt und können mit der **Entf-Taste** gelöscht werden. Mitgelöschte Rasterpunkte werden mit *View>>Redraw* (<Strg>+<L>) wieder dargestellt.

Hinweis: Die automatische Numerierung der Bauteile erfolgt in der Reihenfolge der Plazierung und wird durch Entfernen von bereits plazierten Bauteilen nicht angepaßt. Dadurch entstandene Lücken in der Numerierung beeinflussen die Schaltung nicht. Die Nummern können aber auch einzeln manuell - oder alle automatisch mit *Tools>>Annotate...* und dort im Fenster *Annotate* bei *Funktion* durch Anklicken von *Assign Reference Designators Only* und anschließendem Bestätigen mit *OK* - überschrieben werden.

10.2.3 Verbinden der Bauteile

Das Verbinden der Bauteile geschieht mit *Draw>>Wire* (<Strg>+<W>). Der Cursor nimmt die Gestalt eines Bleistiftes an. Man setzt nun die Bleistiftspitze auf den gewünschten Anfangspunkt (Pin) und betätigt die linke Maustaste. Anschließend den Zielpunkt der Leitung mit der Maus anfahren und erneut klicken. Um eine Leitung an einer vom Anwender gewünschten Stelle knicken zu können, muß der gewünschte Knickpunkt ebenfalls angeklickt werden. Möchte man den Leitungsplaziermodus beenden, drückt man die rechte Maustaste einmal.

10.2.4 Bezeichnungen einfügen

Um eine bessere Übersicht zu erreichen, können den Leitungen Namen gegeben werden. Dazu wird die gewünschte Leitung doppelgeklickt und im Fenster *Set Attribute Value* bei *Label* ein passender Name eingegeben. Durch Anklicken von *OK* wird die Eingabe bestätigt und das Fenster verlassen.

Label sind in ihrer Länge nicht beschränkt. Die Sonderzeichen +, -, *, /, _, %, ( ) und der Punkt sind erlaubt. Um bei der folgenden Simulation Probleme zu vermeiden, sollten Leerzeichen, Komma, :, ;, ", ß, ä, ö, ü, \, {, }, &, ?, !, #, |, ~, §, $ und @ ebenso vermieden werden wie das Weiterschreiben außerhalb von eventuellen Klammerausdrücken. Weiterhin ist zu beachten, daß aus <, > und = in Schematics in allen anderen Programmteilen lt, gt und eq werden.

10.2.5 Wiederholfunktion

Unten rechts im Schematics-Fenster steht hinter *Cmd:* der zuletzt ausgeführte Befehl. Dieser kann durch **Doppelklicken der rechten Maustaste** oder mit der **Leertaste** wieder **aktiviert** werden. (Im Menü *Options>>Auto-Repeat* darf *Enable Auto-Repeat* **nicht** angekreuzt sein).

Hinweis: Einige Befehle – beispielsweise „Delete" – sind von der Wiederholfunktion ausgenommen.

10.2.6 Digitale Eingangssignale

Bei rein digitalen Schaltungen werden **Versorgungsspannungen** nicht explizit angegeben[1]. Um diese Schaltungen einer Zeitanalyse (Transientenanalyse) zu unterziehen, müssen die Eingänge mit digitalen Eingangssignalen (Stimuli) versorgt werden. Dazu stehen in der Datei *source.slb* verschiedene Quellen zur Verfügung. Beispielsweise *STIM1* (*Digital Stimulus - single node,* also eine digitale Quelle mit **einem** Anschlußknoten); im zugehörigen Attributfenster (öffnen durch Doppelklicken mit der linken Maustaste auf dem STIM1-Symbol) steht *WIDTH=1* und *FORMAT=1*. Dabei bedeutet *WIDTH=1*, daß diese Quelle **einen** Anschlußknoten hat und das Format der verwendeten Signalwerte **binär** (nur 0 oder 1) ist. Entsprechend steht *FORMAT=3* für **oktale** Daten und *FORMAT=4* für **hexadezimale** Daten.

Prinzipiell ist anzugeben, zu **welchem** Zeitpunkt das Eingangs-Signal **welchen** Wert annehmen soll.

10.2.6.1 Anweisungen bei beliebigem Zeitverlauf

Nach Doppelklicken auf ein Stimulussymbol (beispielsweise *STIM1*) öffnet sich das zugehörige Attributfenster (s. Abb. 11.5). Die Angabe COMMAND1=0s 0 ist bereits eine Anweisung, wobei die **erste Ziffer** für den **Anfangszeitpunkt** (0 sec) und die **zweite Ziffer** für den logischen **Zustand (Low) ab** diesem Zeitpunkt steht. Zwischen Anfangszeitpunkt und logischem Zustand muß ein Leerzeichen eingefügt werden.

Näheres wird in den folgenden Beispielen gezeigt.

10.2.6.2 Anweisungen bei periodischem Signalverlauf

Um **periodische** Signalverläufe zu kreieren, bietet sich die Schleifenkonstruktion (REPEAT / ENDREPEAT) an. Dabei ist bei der Anweisung REPEAT die gewünschte Anzahl der Schleifendurchläufe anzugeben, beispielsweise REPEAT

---

[1] Die Versorgungsspannung für TTL-Gatter ist in der Datei eval.lib bei „Digital Power Supplies" mit 5,0V eingetragen.

FOR 3 TIMES oder REPEAT FOREVER. Um Probleme bei Schleifen zu vermeiden, sollten die Zeitangaben innerhalb von Schleifenkonstruktionen **relativ** zur letzten Zeitangabe erfolgen, denn u. U. können absolute Zeitangaben in einer Schleife zu Fehlermeldungen führen. Relative Zeitangaben sind durch ein **Pluszeichen** vor der Zeitangabe (ohne Leerzeichen !) gekennzeichnet.

Bei Schleifenkonstruktionen können auch die Anweisungen INC BY und DECR BY verwendet werden.

In den Beispielen von Kapitel 11 wird die Anwendung erläutert.

10.2.6.3 Generierung eines einfachen Taktsignals

Für einfache Taktsignale steht die Quelle *DigClock* zur Verfügung. In ihrem Attributfenster sind folgende Angaben zu finden:

DELAY=	gibt die Verzögerungszeit der ersten Änderung ab Zeitpunktpunkt Null an.
ONTIME=.5uS	gibt die Zeitdauer an, in der das Signal in jeder Periode den High-Zustand hat.
OFFTIME=.5uS	gibt die Zeitdauer an, in der das Signal in jeder Periode den Low-Zustand hat.
STARTVAL=0	Low-Zustand des Clocksignals (vorgegeben ist Null)
OPPVAL=1	High-Zustand des Clocksignals (vorgegeben ist EINS)

10.2.6.4 Bussignale (Eingangssignale für einen Bus)

Um **mehrere** Bit breite Signale zu definieren, bieten sich die Quellen *STIM4, STIM8* und *STIM16* an.

Diese Quellen sind ähnlich wie die Quelle *STIM1* aufgebaut. Die Quelle *STIM8* hat, da sie 8 Bit breit ist, den Eintrag *WIDTH=8*. Gibt man nun *FORMAT=431* ein, so bedeutet dies, daß die ersten 4 Bit hexadezimal, die folgenden drei Bit octal und das letzte Bit binär anzugeben ist. Das heißt, die Angabe *COMMAND=0s B51* erzeugt dann ab dem Zeitpunkt 0 sec das Bitmuster 10111011.

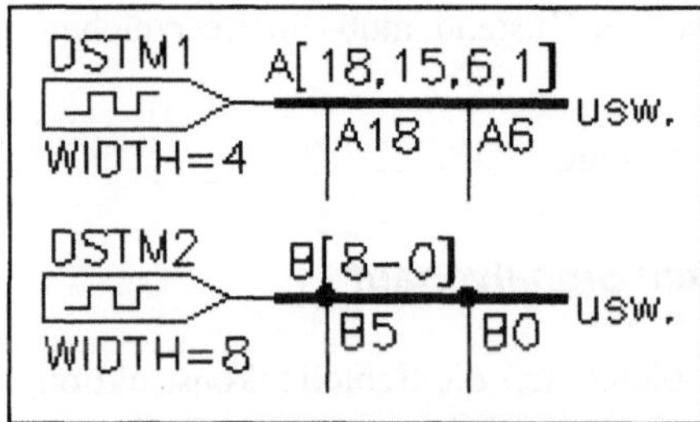

Abb. 10.4. Mögliche Busbezeichnungen

Hinweis: Bei den Quellen STIM4, STIM8, STIM16 ist immer ein Bus  anzuschließen, mit einer Bezeichnung, die alle Knoten beinhaltet. Weiterhin müssen
auch alle Leitungen vom Bus abgehen und entsprechend bezeichnet werden.

10.3 Simulation

10.3.1 Simulationsvorbereitung

Für eine Simulation muß im Schaltplan-Editor *Analysis>>Setup...* angewählt und für die **Zeitanalyse** das Feld *Transient* selbst angeklickt werden. In dem nun geöffneten Fenster werden bei *Print Step* sowie bei *Final Time*
die gewünschten Eintragungen vorgenommen und mit *OK* bestätigt. Spätestens
jetzt muß bei *Transient* Enabled angekreuzt sein. Das Kreuz bei *Bias Point Detail*
wird durch Anklicken entfernt und anschließend das *Analysis Setup*-Fenster mit
Close verlassen.

10.3.2 Simulation

 Die Simulation wird mit *Analysis>>Simulate* oder der Taste <**F11**> ge-
startet.
In den Beispielen Kapitel 11 wird dies eingehend dargestellt.

10.3.3 Darstellung der Simulationsergebnisse

 Bei den angegebenen **Voreinstellungen** startet Probe **automatisch**
nach der Simulation.

Probe Signalverläufe können angezeigt werden, indem im *Probe*-Fenster
Trace>>Add... (<Einfg>) angewählt und dann im Fenster *Add Traces* entweder im
oberen Feld die anzuzeigenden Signalverläufe anklickt oder im Feld *Trace Command* die entsprechenden, durch Leerzeichen getrennten Bezeichnungen eingesetzt
werden. Anschließend den Vorgang mit *OK* beenden.

Um die logischen Zustände eines digitalen Spannungsverlaufes als
Zahlenwerte anzeigen zu lassen, wird im Fenster *Add Traces* (Aufruf
z. B. mit <**Einfg**>) der Signalname in geschweiften Klammern im
Feld *Trace Command* eingetragen. Werden dort mehrere, durch Leerzeichen voneinander getrennte Signalnamen eingegeben, so werden diese **gewichtet** aufaddiert, wobei das Signal, welches am weitesten links steht, die höchste Wertigkeit
hat ({ ... 4er 2er 1er}).

Sollen Signalverläufe ungewichtet aufaddiert werden, kann dies in der Form A + B geschehen. Ein Leerzeichen vor den Operationszeichen (+, -, *, /) muß mit eingegeben werden. Weiterhin erhält man mit „~" das logische Komplement, mit „&" eine logische UND-, mit „|" eine logische ODER- und mit „^" eine Exclusiv-ODER-Verknüpfung.

Wenn im *Probe*-Fenster längere Bezeichnungen einzelner Signale nicht ganz angezeigt werden, kann man entweder mit **_Plot>>Digital Size..._** im Fenster *Digital Plot Size* die *Length of Digital Trace Names* entsprechend größer wählen und mit **_OK_** das Fenster verlassen oder mit der Maus die linke Rahmenleiste des eigentlichen Signalverlauffensters anfahren (der Mauszeiger ändert sich in ein horizontales Verschiebesymbol) und bei gedrückter linker Maustaste diese verschieben.

11 Beispiele

An den folgenden Beispielen soll anschaulich gezeigt werden, wie das DesignLab
zur Entwicklung und Untersuchung einer digitalen Schaltung zu handhaben ist. Es
ist unbedingt erforderlich, diese Beispiele exakt durchzugehen. Nur so läßt sich
praktische Erfahrung erwerben. Um unabhängig von der jeweils eingebundenen
Library zu sein, werden die Beispiele sowohl in DIN- als auch in US-Norm dargestellt. Im Anhang befindet sich eine Gegenüberstellung der Symbole beider
Normen. Zur einfachen Unterscheidung enthalten alle im Lernprogramm benutzten DIN-Dateien im Namen die Vorsilbe „**DIN**". Sie befinden sich (s. Installation
des DesignLab) im Unterverzeichnis **Dindatei**. Die übrigen Dateien (US-Norm)
befinden sich im Unterverzeichnis **Evaldat**. Auf diese Dateien kann jederzeit zu-
rückgegriffen werden Um diese Originaldateien nicht zu verändern (beim Abspeichern zu überschreiben), ist es erforderlich, die eigenen zu entwickelnden Dateien
in einem anderen Unterverzeichnis (z.B. **Eigendat**) abzuspeichern und dann die
Ergebnisse miteinander zu vergleichen.

11.1 Beispiel 1

11.1.1 Aufgabenstellung

Folgende einfache Schaltung soll eingegeben und untersucht werden. Dabei ist
sowohl das Zeitliniendiagramm darzustellen, wie auch die Wahrheitstabelle anzugeben.

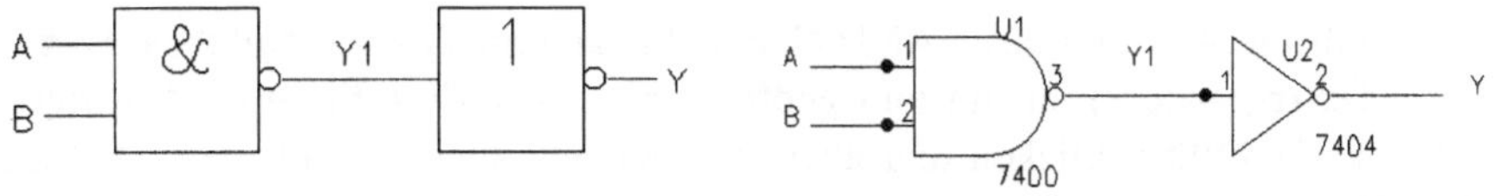

Abb. 11.1. Einfache digitale Schaltung In DIN- bzw. US-Norm

Die beiden Eingangsgrößen A und B sollen dabei den folgenden Verlauf haben:

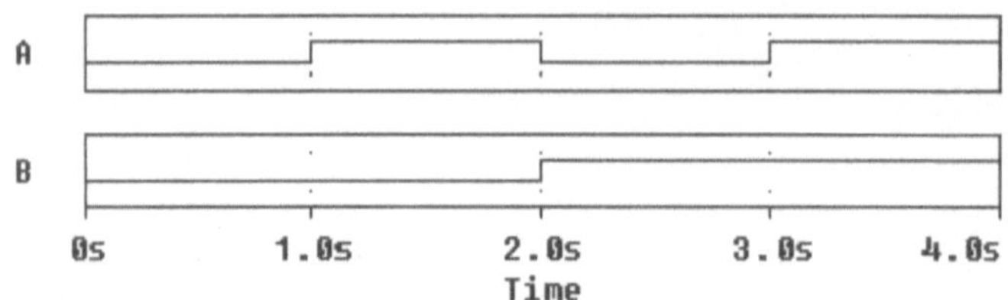

Abb. 11.2. Eingangssignale für Beispielschaltung 1

Hinweis: Wenn nicht anders angegeben, ist bei „Anklicken" immer die linke Maustaste gemeint!

Bei gedrückter **Alt-Taste** wird mit Eingabe des unterstrichenen Buchstabens eines Menüpunktes dieselbe Funktion ausgeführt, wie durch Anklicken des Punktes.

Die Bauteilbibliothek enthält (zunächst) nur amerikanische Symbole. Wurde bei der Installation die mitgelieferte Library Din.slb eingebunden, so werden die aufgerufenen Bausteine in DIN-Norm dargestellt.

11.1.2 Benennen der Schaltung

Es ist sinnvoll, **vor** dem Aufbau der Schaltung das **leere** Zeichenblatt gleich abzuspeichern, da wegen der in bestimmten Zeitabständen erfolgenden automatischen Abspeicherung dann alle Änderungen hier eingetragen werden.

Starten Sie Schematics und speichern Sie die zu erstellende Datei über *File>>Save As...* unter dem Namen **DINBSP_1** oder, wenn Sie die US-Norm beibehalten, unter **BSP_1** (Extension „.sch" wird ggf. automatisch angefügt) im neu eingerichtetem Unterverzeichnis **Eigendat** durch Anklicken von *Speichern* ab.

11.1.3 Auswählen und Plazieren der Bausteine

Für die Auswahl des NAND-Gatters klicken Sie *Draw>>Get New Part...* (<Strg>+<G>) an. Im nun geöffneten Fenster *Part Browser Advanced* (s. Abb. 11.3) **7400** anklicken und über *Place&Close* Fenster schließen. Um das **NAND-Gatter** zu plazieren, wird die linke Maustaste einmal betätigt. Anschließend wird der Plaziermodus durch Klicken der **rechten** Maustaste verlassen.

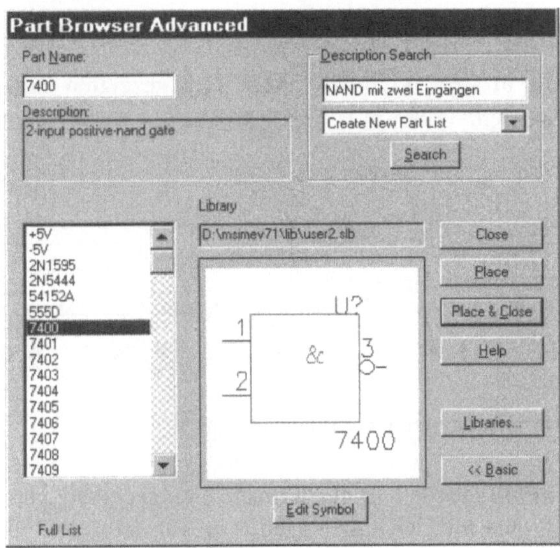

Abb. 11.3. Das Fenster *Part Browser Advanced* bei eingebundener DIN-Library

Um den Inverter auszuwählen, müssen Sie **Draw>>Get New Part...** (**<Strg>+<G>**) erneut anklicken und als *Part* **7404** eingeben, *Place&Close* anklicken und den **Inverter** plazieren (linke Maustaste und danach rechte Maustaste betätigen).

11.1.4 Quellen

Bei der hier betrachteten rein digitalen Schaltung werden Versorgungsspannungen nicht extra angegeben. Um die Schaltung aber später testen zu können, müssen die Eingänge noch mit digitalen Eingangssignalen (Stimuli) versorgt werden.

Dazu wird wieder **Draw>>Get New Part...** (**<Strg>+<G>**) und zusätzlich **Browse...** angeklickt. Jetzt bei Library *source.slb* anklicken, bei Part **STIM1** (allgemeine Quelle zur Eingabe einer Impulsfolge) suchen und doppelt Klicken. Danach wird das Symbol links von Pin 1 (Eingang A) des NAND-Gatters plaziert.

Nun die Quelle für Eingang B des NAND-Gatters etwas unterhalb der vorherigen Quelle erneut plazieren (links klicken) und mit der rechten Maustaste Aktion beenden (Teil loslassen).

Sollte die Eingabe der Bausteine in anderer Reihenfolge vorgenommen worden sein, wird sich die automatische Bausteinnumerierung (U1A, U2A, ...) ändern. Siehe dazu auch *Hinweis* bei „*Entfernen von Bauteilen*".

11.1.5 Generierung der digitalen Eingangssignale

Nach Aufgabenstellung sollen die in Abb. 11.2 bzw. Abb. 11.4 gezeigten Eingangskombinationen verwendet werden:

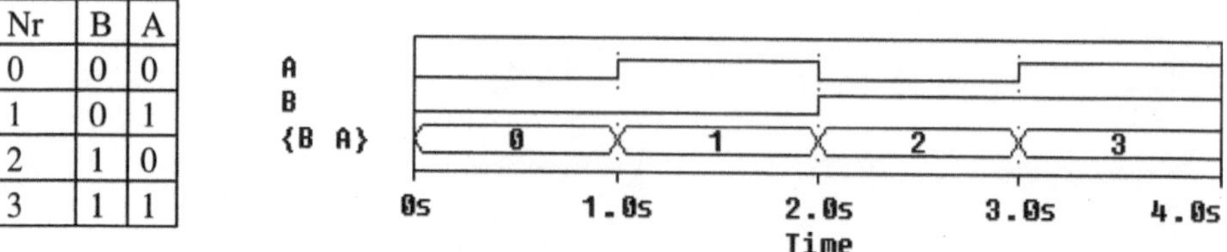

Abb. 11.4. Wahrheitstabelle und Zeitliniendiagramm der Eingangssignale

Die nun exakt definierten Stimuli werden folgendermaßen eingegeben: Das DSTM1-Symbol editieren, indem man mit der linken Maustaste auf dem Symbol (nicht auf der Beschriftung) doppelt klickt. Im nun geöffneten Fenster (s. Abb.11.5) wird, da COMMAND1 bereits passend voreingestellt ist, COMMAND2 gesucht und doppelt geklickt; bei *Value* blinkt nun der Cursor und es wird **1s 1** eingegeben, wobei die erste Ziffer für den Anfangszeitpunkt (1 sec) und die zweite Ziffer für den logischen Zustand 1 ab diesem Zeitpunkt steht. Ein **Leerzeichen** zwischen Anfangszeitpunkt und logischem Zustand **muß sein**! Die Eingabe wird mit *Save Attr* (anklicken) bestätigt. Bei COMMAND3 wird **2s 0**, bei COMMAND4 **3s 1** und bei COMMAND5 wird **4s 0** eingegeben und jeweils mit *Save Attr* bestätigt. Nun sollte das Attributfenster wie in nachfolgender Abb. 11.5 gezeigt aussehen. Mit *OK* wird das Fenster verlassen.

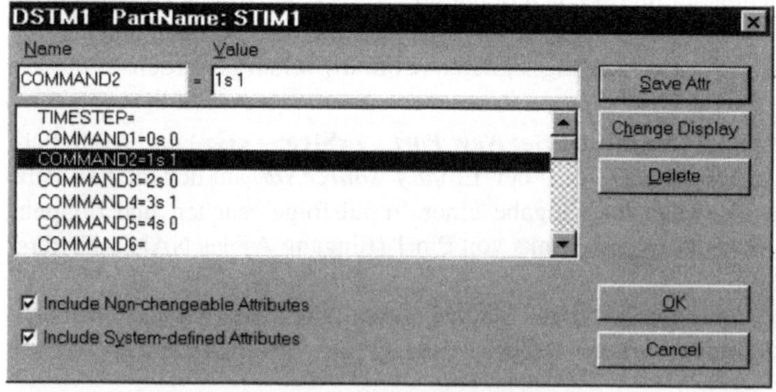

Abb. 11.5. Fenster zur Definition der Quelle DSTM1

Jetzt wird das DSTM2-Symbol doppelt geklickt und hier für COMMAND2=**2s 1** und für COMMAND3=**4s 0** eingegeben, mit *Save Attr* bestätigt und das Fenster anschließend mit *OK* verlassen.

11.1.6 Verbinden der Bausteine

 Für die Verbindung der beiden Gatter wird ***Draw>>Wire*** (**<Strg>+<W>**) angeklickt, wodurch sich der Zeiger in einen Bleistift verwandelt. Danach wird das Ende des Anschlußpins von DSTM1 angeklickt. Jetzt wird der Stift mit der Maus an Pin 1 des ersten Gatters geführt und geklickt; hier endet die Leitung. Die nächsten Verbindungsleitungen werden jetzt nach demselben Schema gezogen. Mit der rechten Maustaste kann der Leitungsmodus jederzeit beendet werden; ein Doppelklick der rechten Taste oder Betätigung der Leertaste läßt den Pfeil wieder zum Stift werden.

11.1.7 Einfügen von Bezeichnungen

Um eine bessere Übersicht zu erreichen – insbesondere auch bei der grafischen Ergebnisausgabe in Probe –, werden den Leitungen jetzt noch Namen gegeben. Dazu wird auf der gewünschten Leitung doppelt geklickt und im sich öffnenden Fenster *Set Attribute Value* bei *Label* ein passender Name - hier A, B, Y1, Y (siehe auch folgende Abbildung) - eingegeben. Durch Anklicken von ***OK*** wird die Eingabe bestätigt und das Fenster verlassen.

Um einen Namen zu verschieben, wird dieser angeklickt, das zugehörige Bauteil wird dabei markiert, der Name erhält einen Rahmen und kann bei gedrückter linker Maustaste verschoben werden.

Die Schaltung sollte nun etwa so wie in Abb. 11.6 dargestellt aussehen.

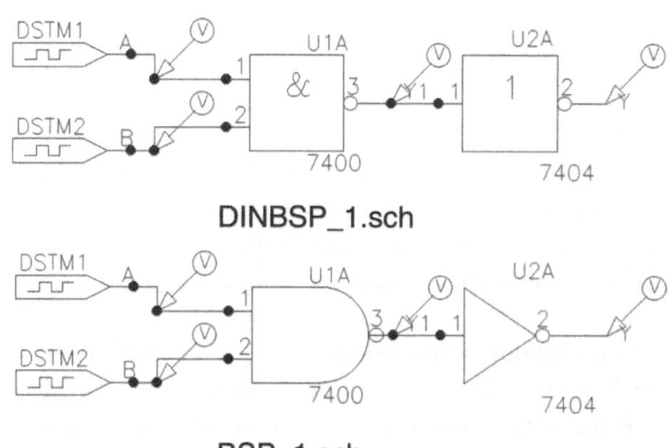

Abb. 11.6. Abbildung der unter *Schematics* entwickelten Schaltung in DIN- bzw. US-Norm mit zusätzlichen Markern

11.1.8 Simulationsvorbereitung

Zur Vorbereitung der Simulation muß ***Analysis>>Setup...*** angewählt und für die Zeitanalyse direkt das Feld ***Transient*** angeklickt werden. In dem

nun geöffneten Fenster wird bei *Print Step* sowie bei *Final Time* jeweils 5s eingetragen und mit *OK* bestätigt. Spätestens jetzt muß bei *Transient* **Enabled** angekreuzt sein. Das Kreuz bei *Bias Point Detail* wird durch Anklicken entfernt und
das *Analysis Setup*-Fenster mit *Close* verlassen.

11.1.9 Simulation

 Die Simulation wird mit *Analysis>>Simulate* oder der Taste <F11> ge-
startet.

Wenn Fehler auftreten, wird dies im Fenster *PSpice* in roter Schrift angezeigt.
In diesem Fenster (oder auch im Fenster *Schematics*) kann man sich über
File>>Examine Output die erzeugte Datei DINBSP_1.out bzw. BSP_1.out anschauen, um einen Hinweis auf die Fehler zu bekommen, die dann in *Schematics*
beseitigt werden müssen. Eine Fehlermeldung kann dabei mit der Suchfunktion
des Texteditors und dem Stichwort „ERROR" gezielt gesucht werden. Warnmel-
dungen sollen hier zunächst nicht beachtet werden. Nach erfolgreicher fehlerloser
Berechnung erscheint automatisch das Dialogfenster *Probe*, mit dem die Simulationsergebnisse grafisch dargestellt werden.

11.1.10 Simulationsergebnisse anzeigen

 Zunächst erscheint im Fenster *Probe* ein leeres Zeitliniendiagramm.

Probe

Für das Anzeigen der Simulationsergebnisse muß im *Probe*-Fenster
Trace>>Add... (<Einfg>) angewählt und dann im Fenster *Add Traces*
entweder im oberen Feld die anzuzeigenden Signalverläufe (A, B, Y) angeklickt
oder im Feld *Trace Command* die entsprechenden, durch Leerzeichen getrennten
Bezeichnungen eingesetzt werden. Anschließend wird der Vorgang mit *OK* beendet.

Um die logischen Zustände eines digitalen Spannungsverlaufes als **Zahlenwerte** anzeigen zu lassen, wird im Fenster *Add Traces* im Feld *Trace Command* der
Signalname in geschweiften Klammern eingetragen. Werden in geschweiften
Klammern mehrere, durch Leerzeichen voneinander getrennte Signalnamen eingegeben, so werden diese **gewichtet** aufaddiert, wobei das Signal, welches am
weitesten links steht, die höchste Wertigkeit hat ({ ... 4er 2er 1er}). Da hier B das
MSB und A das LSB ist, wird { B A } eingetragen.

Möchte man Ein- und Ausgänge in getrennten Signalverlauffenstern darstellen,
kann man dies erreichen, indem man *Plot>>Add Plot* danach *Trace>>Add...*
(<Einfg>) anklickt und im Feld *Trace Command* die entsprechenden Eingangs-
signalbezeichnungen einsetzt. Nun im anderen Signalverlauffenster klicken (das

ausgewählte Fenster erkennt man an *SEL>>* vor der x-Achse) und wie vorher die anzuzeigenden Ausgangssignalbezeichnungen eingeben.

Besonders sicher lassen sich die Signalverläufe - z. B. für eine Wahrheitstabelle - ablesen, wenn man sich mit ***Tools>>Cursor>>Display*** (**<Ctrl>+<Shift>+<C>**) einen Cursor anzeigen läßt. Hierbei werden zeitsynchron die binären Werte von allen Kurven angezeigt. Wenn man nun im Signalverlauffenster an den gewünschten Stellen klickt oder die linke Maustaste gedrückt hält und den Cursor in x-Richtung verschiebt, kann man so das ganze Diagramm auslesen und damit auch die Wahrheitstabelle erfassen.

Der Bereich 0 bis 1s - die genaue Zeit wird im kleinen Fenster *Probe Cursor* angezeigt - stellt bei diesem Beispiel die Verhältnisse in der Zeile Nr. 0 der Wahrheitstabelle dar. Wenn man nun im Signalverlauffenster bei etwa 1,5s klickt, kann man Zeile Nr.1 der Wahrheitstabelle auslesen usw.

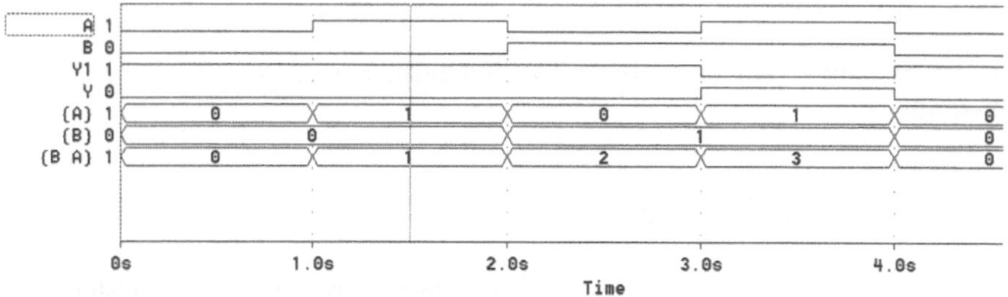

Abb.11.7. Zeitliniendiagramm der Schaltungen von Abb. 11.1

Die zugehörige Wahrheitstabelle ist in Abb. 11.8 dargestellt. Die Schaltung wirkt wie ein NAND-Gatter.

NR	B	A	Y1	Y
0	0	0	1	0
1	0	1	1	0
2	1	0	1	0
3	1	1	0	1

Abb. 11.8. Wahrheitstabelle zum Zeitliniendiagramm von Abb. 11.7

Marker

Um Signalzustände automatisch (ohne ***Add Trace***) anzuzeigen, kann man im *Schematics*-Fenster (wechseln z. B. mit **<Alt>+<Tab>**) im Hauptmenü ***Markers>>Mark Voltage/Level*** anklicken (oder Tastenkombination **<Strg>+<M>** drücken). Man erhält daraufhin ein schemenhaftes Symbol, welches man mit der Pfeilspitze auf die anzuzeigende Leitung bzw. auf den gesuchten Pin plaziert. Im *Probe*-Fenster werden (bei oben erwähnter Voreinstellung) nun die Signalverläufe direkt angezeigt.

11.2 Beispiel 2

Hier soll die Erstellung einer **hierarchisch** aufgebauten Schaltung sowie die Handhabung von **Blöcken** gezeigt werden. Alle Dateien zu diesem Abschnitt sind ebenfalls auf der beiliegenden CD in den Unterverzeichnissen **Dindatei** bzw. **Evaldat** abgespeichert.

11.2.1 Aufgabenstellung

Es ist ein **Halbaddierer** (s. Lernprogramm) zu entwickeln, der nur aus **NAND-Gattern** besteht. Anschließend ist das Zeitliniendiagramm auszuwerten um die zugehörige Wahrheitstabelle zu erstellen.

11.2.2 Schaltplan eingeben:

Um die Schaltung mit dem *DesignLab* aufzubauen und zu untersuchen, wird **Schematics** gestartet.

11.2.3 Schaltung benennen

Im *Schematics*-Fenster wird angeklickt *File>>Save As...*, als Dateiname **DINBSP_2** bzw. **BSP_2** eingegeben und mit *OK* bestätigt.

11.2.4 Plazieren der Bausteine und der Signalquellen

Dazu muß die Tastenkombination **<Strg>+<G>** gedrückt werden. Im nun geöffneten Fenster *Part Browser Advanced* wird **7400** angeklickt und mit *OK* bestätigt. Über *Place&Close* wird das Fenster dann geschlossen.

Das NAND-Gatter kann nun an den gewünschten Stellen (siehe auch nachfolgende Abb.11.9) durch Drücken der linken Maustaste plaziert werden. Durch Klicken der rechten Maustaste wird der Plaziermodus verlassen.

Nun Quelle **STIM1** einfügen mit *Draw>>Get New Part...* (**<Strg>+<G>**) und über *Library* die Datei *SOURCE.slb* anklicken, bei Part *STIM1* suchen, durch Doppelklicken aufrufen und 2mal plazieren.

11.2.5 Verbinden der Bauteile

Die Bauteile werden entsprechend der folgenden Abbildung 11.9 verbunden. Dazu muß man die Tastenkombination **<Strg>+<W>** betätigen, den Stift auf den gewünschten Pin bewegen und links klicken. Den Stift nun zum Zielpunkt führen, dabei an gewünschten Knickpunkten klicken; die vorher gestrichelte Leitung wird bis zum geklickten Punkt grün und ist damit bis dorthin plaziert. Beim Klicken auf einem Pin wird die Leitung bzw. das letzte Leitungssegment rot dargestellt; damit ist die Leitung beendet. Nun werden ebenso die nächsten Leitungen gezeichnet. Mit einem Klick der rechten Maustaste wird der Modus beendet.

11.2.6 Einfügen von Bezeichnungen

Den wichtigen Punkten oder Leitungen werden **Namen** gegeben. Dazu wird die gewünschte Leitung doppelt geklickt und im sich öffnenden Fenster *Set Attribute Value* bei *Label* ein passender Name (A, B, S, Ue; siehe folgende Abbildung 11.9) eingegeben. Durch Anklicken von ***OK*** wird die Eingabe bestätigt und das Fenster verlassen.

Um eine Bezeichnung zu **verschieben**, wird diese angeklickt; das zugehörige Bauteil wird dabei markiert, der Name erhält einen Rahmen und kann bei gedrückter linker Maustaste verschoben werden.

Marker

Damit später nach der Simulation nicht erst ein leeres Zeitliniendiagramm erscheint, werden nun an den gesuchten Stellen Marker eingefügt. Dazu ***Markers>>Mark Voltage/Level*** oder Tastenkombination **<Strg>+<M>** drücken. Das erhaltene schemenhafte Symbol mit der Pfeilspitze nacheinander auf den gesuchten Leitungen A, B, S, und Ue plazieren, da die Signalverläufe im *Probe*-Fenster in der Reihenfolge angezeigt werden, in der die Marker plaziert wurden. Ein Marker wurde hier mit **<Strg>+<R>** rotiert oder mit **<Strg>+<F>** gespiegelt.

Die Schaltung sollte nun etwa wie in Abb. 11.9 dargestellt aussehen:

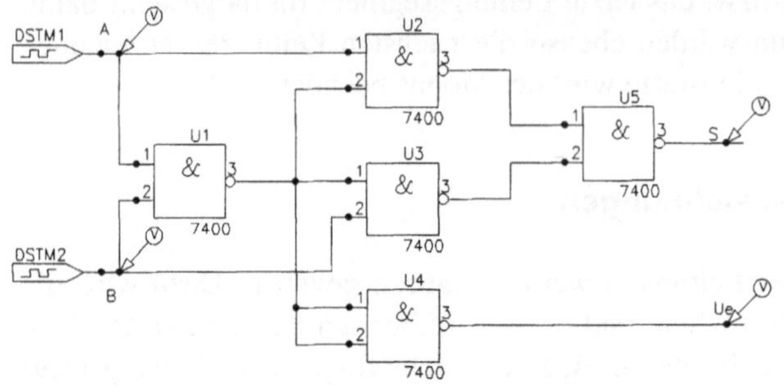

DINBSP_2.sch

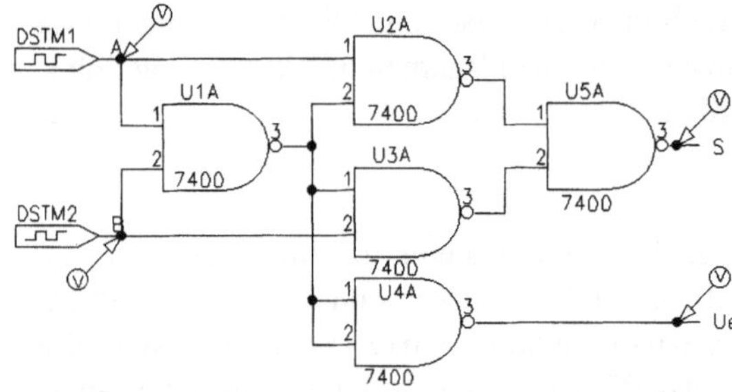

BSP_2.sch

Abb. 11.9. Mit NAND-Gattern aufgebauter Halbaddierer in DIN- bzw. US-Norm

11.2.7 Definition der Eingangsimpulsfolgen

Die Stimuli werden nun exakt definiert. Für die Quelle **DSTM1** am Anschluß **A** wird, nachdem die linke Maustaste auf dem DSTM1-Symbol doppelt geklickt wurde, folgendes eingegeben:

COMMAND1 = 0s 0 *(unverändert)*
COMMAND2 = 1s 1
COMMAND3 = 2s 0
COMMAND4 = 3s 1
COMMAND5 = 4s 0
Die Quelle **DSTM2** am Anschluß B soll folgende Zuweisungen erhalten:
COMMAND1 = 0s 0 *(unverändert)*
COMMAND2 = 2s 1
COMMAND3 = 4s 0

11.2.8 Simulationsvorbereitung

 Hierzu wird *Analysis>>Setup...* angewählt und für die Zeitanalyse bei *Transient* **Enabled** angekreuzt (wenn *Bias Point Detail* nicht ausgeschaltet wird, erhält man bei der Simulation eine Warnmeldung *(No analog devices – Small-Signal analysis ignored))*. Nun direkt auf das Feld *Transient* klicken und bei *Print Step* und bei *Final Time* jeweils 5s eintragen. Anschließend wird mit *OK* das *Transient*-Fenster verlassen und im Fenster *Analysis Setup Close* angeklickt.

11.2.9 Simulation

Die Simulation mit *Analysis>>Simulate* oder der Taste **<F11>** starten.

Wenn ein Fehler auftritt, wird dieser im Fenster *PSpice* in roter Schrift angezeigt, und man kann im *PSpice-Fenster File>>Examine Output* anklicken, um in der erzeugten Datei **DINBSP_2**.out oder **BSP_2**.out einen Hinweis auf den Fehler zu bekommen. Fehler müssen in *Schematics* beseitigt werden. Nach erfolgreicher fehlerloser Berechnung erscheint automatisch das *Probe*-Fenster, in dem die Simulationsergebnisse grafisch dargestellt werden.

11.2.10 Auswertung des Zeitliniendiagrammes

Das Zeitliniendiagramm und die daraus abzulesende Wahrheitstabelle ist in der folgenden Abbildung 11.10 dargestellt.

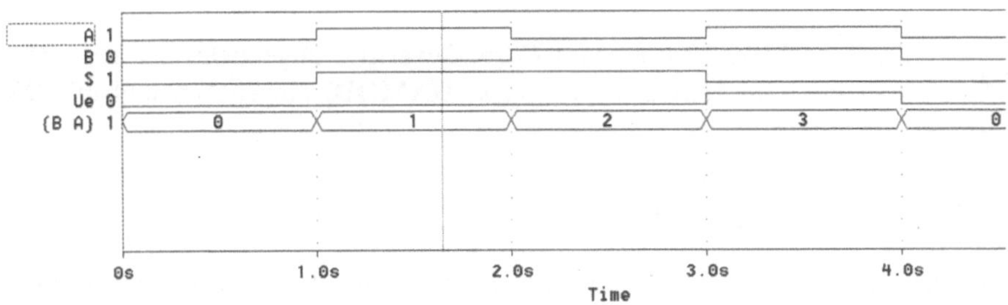

Nr.	B	A	S	Ue
0	0	0	0	0
1	0	1	1	0
2	1	0	1	0
3	1	1	0	1

Abb. 11.10. Zeitliniendiagramm und Wahrheitstabelle des Halbaddierers von Abb. 11.9

11.2.11 Abspeichern der Schaltung

 Im *Schematics*-Fenster wird ***File>>Save*** angeklickt, um die Schaltung abzuspeichern.

(Der Name liegt bereits vor.)

11.3 Beispiel 3

11.3.1 Aufgabenstellung

Es ist ein **1-Bit-Volladdierer** zu entwickeln, der aus **Halbaddierern** und einem **Exclusiv-ODER-Gatter** (7432) besteht. Als Halbaddierer ist die in Beispiel 2 entwickelte Schaltung als **Block** zu verwenden.

11.3.2 Vorbereitung

Falls die Schaltung **DINBSP_2.sch (bzw. BSP_2.sch**) nicht mehr geöffnet ist, wird in *Schematics*, nachdem ***File>>Open...*** angeklickt wurde, diese Schaltungsbezeichnung eingegeben und die Eingabe mit $\underline{OK}$ bestätigt. (Sollten *PSpice* oder *Probe* noch geöffnet sein, sind diese Programmteile zu schließen.) Es erscheint wieder die Schaltung des Halbadddierers.

11.3.2.1 Schaltung benennen

Im *Schematics*-Fenster wird ***File>>Save As...*** angeklickt; als neuer Dateiname wird **DINHAMOD** (bzw. **HAMOD**) eingegeben und mit $\underline{OK}$ bestätigt.

11.3.2.2 Schaltung ändern

Zunächst müssen die Quellen und Marker entfernt werden. Dies geschieht durch Klicken auf diese Bauteile und Drücken der **<Entf>-Taste.**

Anschließend wird ***Draw>>Get New Part...*** angeklickt und im nun geöffneten Fenster *Add Part* bei *Part:* **INTERFACE** eingegeben und mit **<Enter> (**$\underline{OK}$**)** bestätigt. Das Symbol plaziert man an beiden Ein- und Ausgängen (spiegeln mit **<Strg>+<F>**). Danach erfolgt ein Doppelklick auf den Interfaceports, und im dann geöffneten Fenster *Set Attribut Value* werden bei *Label* die Bezeichnungen **A, B, S** und **Ue** eingetragen und mit $\underline{OK}$ bestätigt.

Nun sollte die Schaltung etwa folgendermaßen aussehen:

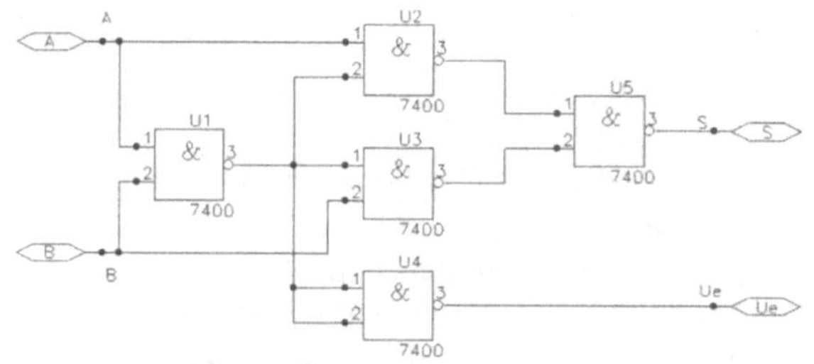

DINHAMOD.sch

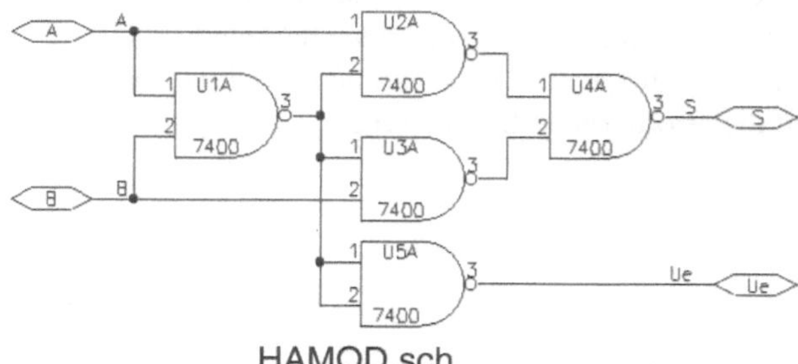

HAMOD.sch

Abb. 11.11. Mit Interfaceports versehener Halbaddierer in DIN- bzw. US-Norm

Die Schaltung wird nun mit *File>>Save* abgespeichert und die Datei über *File>>Close* geschlossen.

11.3.3 Schaltung benennen

Erst jetzt wird der Schaltplan (Blockschaltbild) des **Volladdierers** eingegeben.
Dazu muß zuerst *File>>New* angeklickt werden.

Den neu zu erstellenden Schaltplan speichert man mit *File>>Save As...* unter der Bezeichnung **DINVOLLA**.sch (bzw. **VOLLA**.sch).

11.3.4 Plazieren der Bausteine

Das Blocksymbol wird angeklickt und 2mal plaziert. Die Blocksymbole sollen die zu verwendenden Halbaddierer darstellen. Die Größe des rechteckigen Blocks kann bei gedrückter **<Shift>**-Taste und **zusätzlich** gedrückt gehaltener rechter Maustaste verändert werden. Wenn durch Verschieben der Maus die gewünschte Größe erreicht ist, zuerst die Maustaste loslassen. Nun wird noch das Exklusiv-ODER-Gatter 7432 plaziert (siehe auch folgende Abb. 11.12).

11.3.5 Verbinden der Bauteile und Simulation

Die Verbindungen werden wie üblich vorgenommen. Endet eine Leitung auf der Umrandung eines Blocksymbols, so wird automatisch ein **Anschlußpunkt** hergestellt. Die Bezeichnungen (P1, P2 usw.) werden nach Doppelklicken auf diesen im Fenster *Change Pin* bei *Pin Name:* in **A**, **B**, **S** bzw. **Ue** geändert. Nun muß dem Block noch die Schaltung zugewiesen werden, die er beinhalten soll. Dazu muß auf das plazierte Blocksymbol doppelt geklickt werden. Im Fenster *Setup Block* wird dann bei *Schematic* **DINHAMOD** (bzw. **HAMOD**) eingetragen und mit *OK* bestätigt. Dabei wird die Schaltung des Halbaddierers, der durch den Block dargestellt werden soll, im geöffneten Fenster sichtbar. Das Fenster kann hier aber sofort wieder geschlossen werden, da die Schaltung schon komplett ist. Für den anderen Block ist dieser Vorgang zu wiederholen.

Nun kann die Schaltung wieder mit Quellen versehen und anschließend simuliert werden. Abb. 11.12 zeigt die erforderliche Beschaltung.

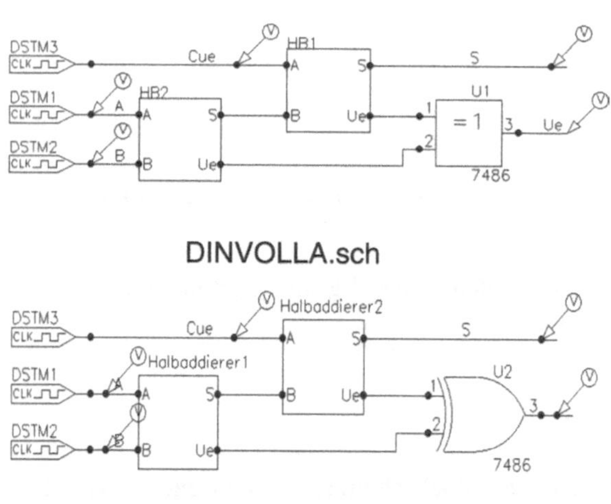

Abb. 11.12. Schaltung eines 1-Bit-Volladdierers in DIN- und US-Norm

Nach erfolgreicher Simulation zeigt sich im *Probe*-Fenster das Zeitliniendiagramm von Abb. 11.13. Ergänzt wurde es durch die Summe A + B + Eingangsübertrag Cue (dies stellt die Summe der Eingangsgrößen dar), der gewichteten Summe {Cue S} (dies ist das Ergebnis der Addition) sowie der gewichteten Summe {Cue B A} (entspricht der Zeilennummer). Man erkennt sehr schön, daß die Summe der Eingangsgrößen mit dem Ergebnis am Ausgang übereinstimmt. Der Volladdierer arbeitet also einwandfrei.

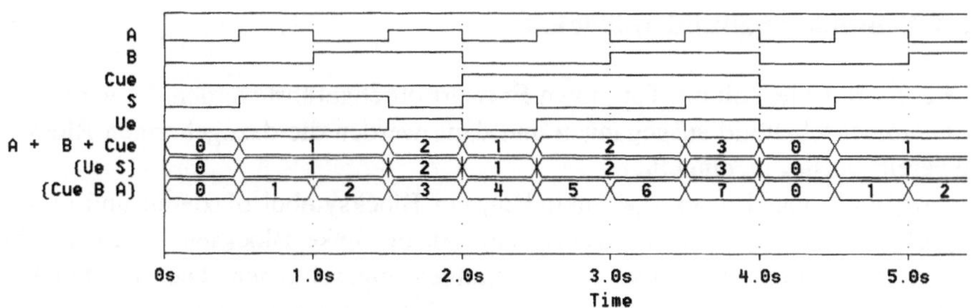

Abb. 11.13. Zeitliniendiagramm zum Volladdierer von Abb 11.12

Für das folgende Beispiel 4 soll der entwickelte 1-Bit-Volladdierer wieder als **Block** verwendet werden. Es sind also Marker und Stimuli zu löschen und, wie in Beispiel 2 durchgeführt, Interfaceports anzuschließen und mit den in der folgenden Abbildung 11.14 gezeigten Namen zu versehen. Die Blockbezeichnungen HB1 und HB2 sind hier mit Halbaddierer1 und Halbaddierer2 überschrieben worden.

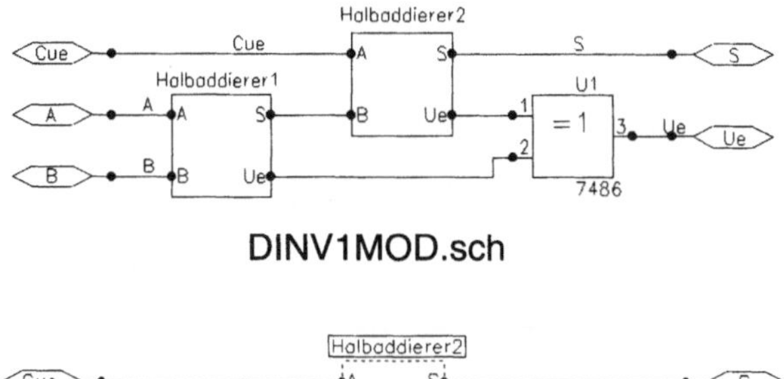

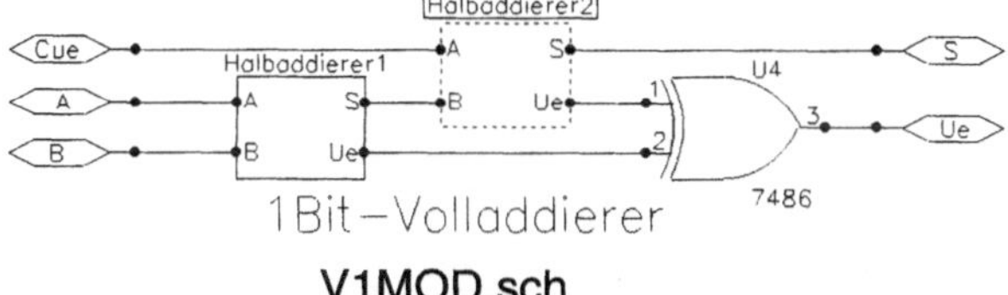

Abb. 11.14. Mit Interfaceports versehener 1-Bit-Volladdierer in DIN- und US-Norm

11.4 Beispiel 4

11.4.1 Aufgabenstellung

Es ist ein **4-Bit-Volladdierer** zu entwerfen.

Dabei soll der in Beispiel 3 entwickelte 1-Bit-Volladddierer Anwendung finden.

11.4.2 Blockschaltbild entwickeln

In diesem Beispiel soll ein Top-down-Entwurf durchgeführt werden. Es wird vom Gesamtblockschaltbild ausgegangen und dann werden die dazugehörigen Blöcke, die bereits vorliegen, eingefügt.

Dazu muß man *File>>New* anklicken, ein Blocksymbol plazieren und dieses vergrößern (<Shift> + **rechte** Maustaste). An die linke Blockseite werden **acht** und an der rechten Blockseite **fünf** Leitungen angeschlossen. Die Anschlußbezeichnungen (P1, P2, ...) werden durch A0...A3, B0...B3, S0...S3 und Ue ersetzt.

Nun wird der Schaltplan wie in Abb. 11.15 gezeigt vervollständigt. Dabei stellen die „dicken" Leitungen **Busse** dar. Sie müssen mit Namen versehen werden z. B. A[3..0], für die nur eckige Klammern verwendet werden dürfen.

Die Quelle DSTM1 soll hier 4 Bit breit sein, deshalb wird sie mit **STIM4** aufgerufen. Die anderen Quellen sind mit STIM1 aufzurufen.

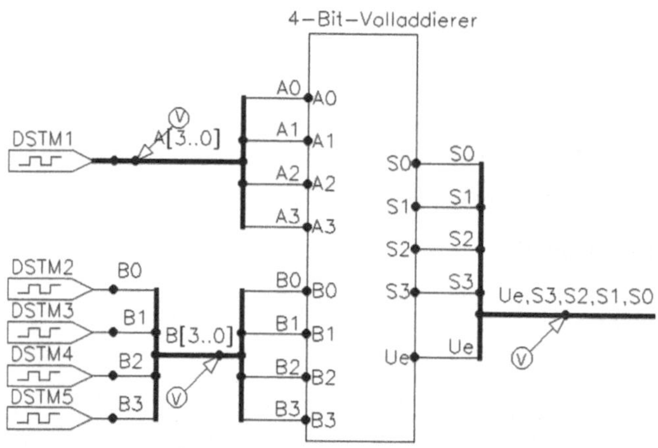

Abb. 11.15.   Beschaltung des zu entwickelnden 4-Bit-Volladdierers
(DINVOLL4.sch bzw. VOLL4.sch)

11.4.3 Blockschaltbild abspeichern

Das entwickelte Blockschaltbild wird mit *File>>Save As...* unter der Bezeichnung **DINVOLL4.sch** (bzw. **VOLL4.sch**) gespeichert.

11.4.4 Definition der Eingangsimpulsfolgen:

Die Stimuli werden nun exakt definiert. Die hier gewählten haben keinen tieferen Sinn, sondern sollen nur verschiedene Zuweisungsmöglichkeiten aufzeigen.

Für die Quelle **DSTM1** am Bus **A[3..0]** wird, nachdem die linke Maustaste auf dem DSTM1-Symbol doppelt geklickt wurde, folgendes eingegeben:

COMMAND1=0s 0000 *(unverändert)*	COMMAND7=6s 1000
COMMAND2=1s 0101	COMMAND8=7s 0110
COMMAND3=2s 1011	COMMAND9=8s 1101
COMMAND4=3s 1010	COMMAND10=9s 1111
COMMAND5=4s 0010	COMMAND11=10s 0011
COMMAND6=5s 0001	COMMAND12=11s 0111

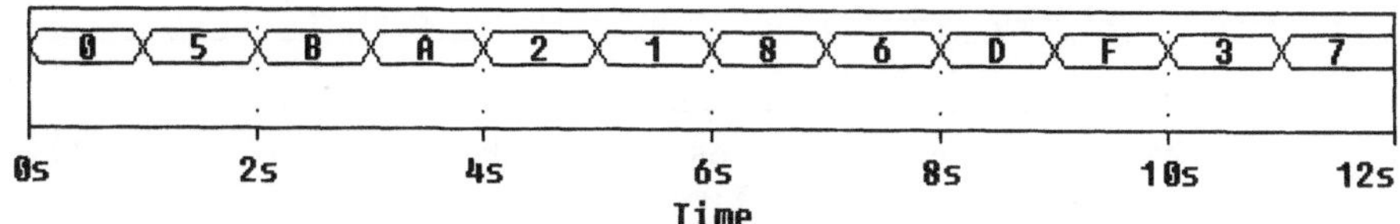

Abb. 11.16.   Zeitliniendiagramm mit Zahlenwerten der Quelle DSTM2 am Bus A[3-0]

Für die Quelle **DSTM2** am Anschluß **B0** wird folgendes eingegeben:

COMMAND1= 0s 0
COMMAND2= REPEAT FOREVER
COMMAND3= +1s 1
COMMAND4= +1s 0
COMMAND5= ENDREPEAT

Hier findet eine Repeat/Endrepeat-Konstruktion Verwendung. Ein **Pluszeichen** vor der Zeitangabe (ohne Leerzeichen!) zeigt an, daß diese Zeitangabe **relativ zur letzten Zeitangabe** ist.

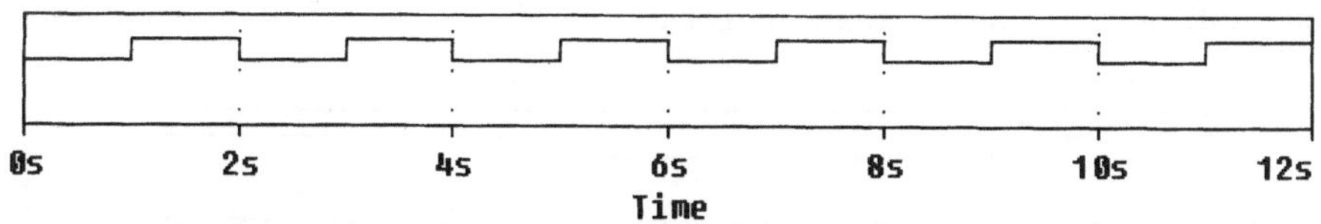

Abb. 11.17.   Zeitliniendiagramm der Quelle DSTM2 an der Leitung B0

Für die Quelle **DSTM3** am Anschluß **B1** wird folgendes eingegeben:

COMMAND1= 0s 0
COMMAND2= 0.5s 1
COMMAND3= REPEAT FOR 3 TIMES
COMMAND4= 1.5s INCR BY 1
COMMAND5= ENDREPEAT
COMMAND6= REPEAT FOR 4 TIMES
COMMAND7= +0.5s INCR BY 1
COMMAND8= +1s DECR BY 1
COMMAND9= ENDREPEAT

Die Angabe INCR BY {Wert} (hier für Wert nur 1 möglich, da die Quelle STIM1 nur ein Bit „breit" ist) bedeutet in diesem Beispiel, daß der Zustand wechselt: 0+1=1, 1+1= 0, 0+1=1 usw. (Überträge werden nicht berücksichtigt).

Weiterhin ist hier leicht zu erkennen, daß in der Schleife der Zeitpunkt bei COMMAND4 in eine relative Zeitangabe umgerechnet wird (1.5s - 0.5s = 1s $\Rightarrow$ +1s). Es ist besser, Zeitangaben in Schleifenkonstruktionen relativ anzugeben, denn u.U. kann die absolute Zeitangabe in einer Schleife zu einer Fehlermeldung führen.

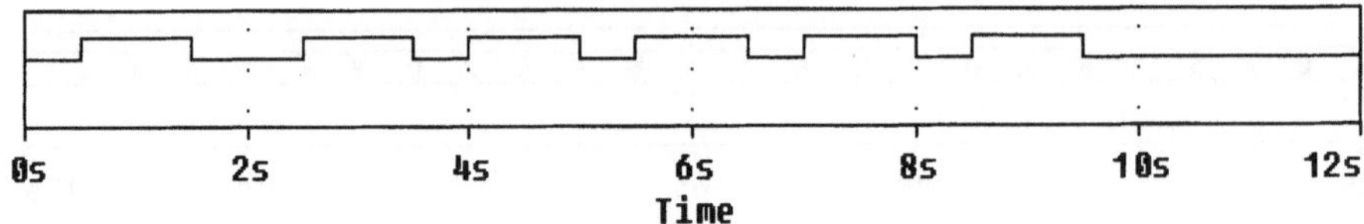

Abb. 11.18.   Zeitliniendiagramm der Quelle DSTM3 an der Leitung B1

Für die Quelle **DSTM4** am Anschluß **B2** wird folgendes eingegeben:
TIMESTEP=2s
COMMAND1= 0s 0
COMMAND2= 1c 1
COMMAND3= 3s 0
COMMAND4= REPEAT FOREVER
COMMAND5= +2c DECR BY 1
COMMAND6= ENDREPEAT

Wenn man – wie hier gezeigt – mit Zeitschritten arbeiten möchte, muß dafür ein **TIMESTEP** vereinbart werden. Will man sich auf diese Schrittweite beziehen, **muß** ein „c" an den Zeitpunkt angehängt werden.

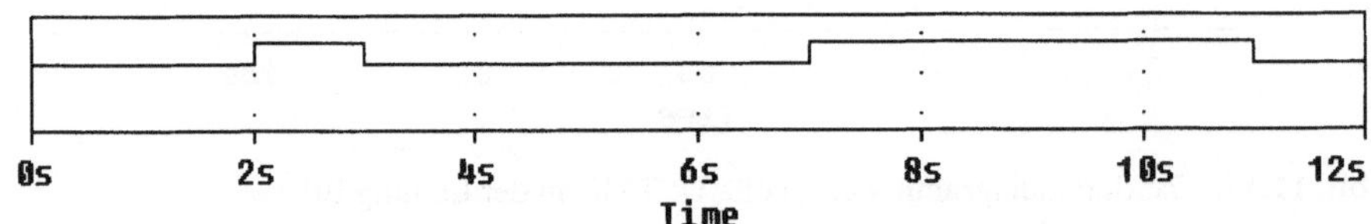

Abb. 11.19.   Zeitliniendiagramm der Quelle DSTM4 an der Leitung B2

Für die Quelle **DSTM5** am Anschluß **B3** wird folgendes eingegeben:

COMMAND1= 0s 0
COMMAND2= 2.5s 1
COMMAND3= REPEAT FOR 2 TIMES
COMMAND4= +1s 0
COMMAND5= +0.5s 1
COMMAND6= +2s 0
COMMAND7= ENDREPEAT

COMMAND8= +0.5s 1
COMMAND9= 11s 0

Beim zweiten Schleifendurchlauf (ab 6s) kann nach einer Sekunde (7s) kein Zustandswechsel erfolgen, da der Vorzustand schon „0" war.

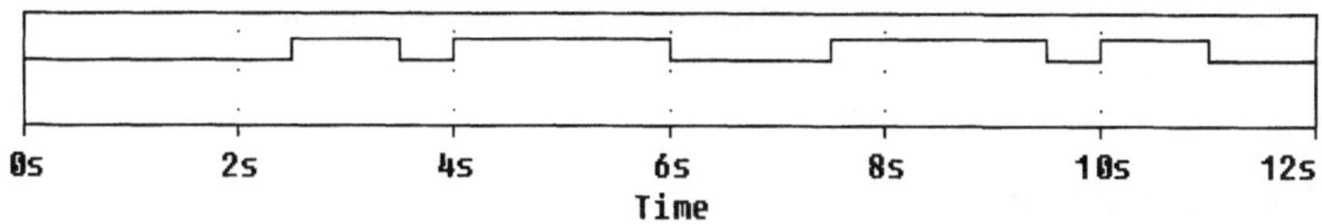

Abb. 11.20. Zeitliniendiagramm der Quelle DSTM5 an der Leitung B3

11.4.5 Blockschaltung eingeben

Hierzu wird auf das Blocksymbol **4-Bit-Volladdierer** von Abb. 11.15 doppelt geklickt, im dann geöffneten Fenster wird **DINV4MOD** (bzw. **V4MOD**) eingetragen und mit $\underline{OK}$ bestätigt. Es öffnet sich nun ein Fenster, in welchem zunächst nur die Interfaceports vorhanden sind. Dort ist dann die in der folgenden Abbildung 11.21 gezeigte Schaltung einzugeben.

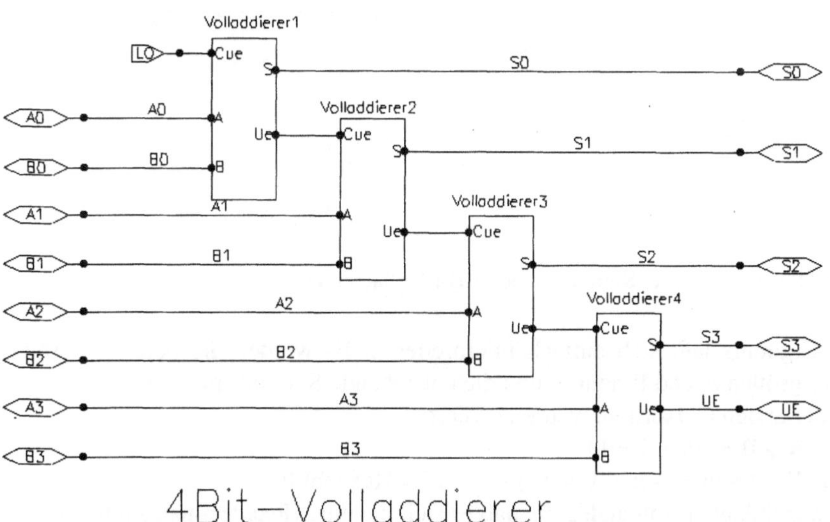

Abb.11.21. Schaltung, die der Block **4-Bit-Volladdierer** beinhalten soll (**DINV4MOD.sch** bzw. **V4MOD.sch**)

Den Blöcken Volladdierer 1-4 wird hier jeweils der im Beispiel 3 erstellte 1-Bit-Volladdierer – also **DINV1MOD.sch** (bzw.**V1MOD.sch**) – zugewiesen. Dies geschieht durch Doppelklick auf ein Blocksymbol (z.B. Volladdierer2) und Eingabe des Namens (DINV1MOD). Nach Verlassen des Fensters öffnet sich ein neues Fenster mit der Schaltung des Volladdierers DINV1MOD.sch. Da diese Schaltung nicht verändert werden soll, kann das Fenster sofort wieder geschlossen werden.

Bitte beachten Sie, daß das in Abb. 11.15 gezeigte Blockschaltbild in DIN- und US-Norm gleiches Aussehen hat. Da aber das jeweilige „Innenleben" unterschiedlich ist, muß auch dieses Blockschaltbild unter zwei unterschiedlichen Namen vorhanden sein.

11.4.6 Simulation

Für die Simulation muß unter **Analysis>>Se_t_up...** auf *Transient* geklickt und bei *Print Step* und bei *Final Time* jeweils **12s** eingetragen werden. Anschließend verläßt man mit **OK** das *Transient*-Fenster, schaltet **B**ias Point Detail aus und klickt im Fenster *Analysis Setup* **C**lose an.

Mit <F11> wird die Simulation gestartet.

Simulationsergebnis:

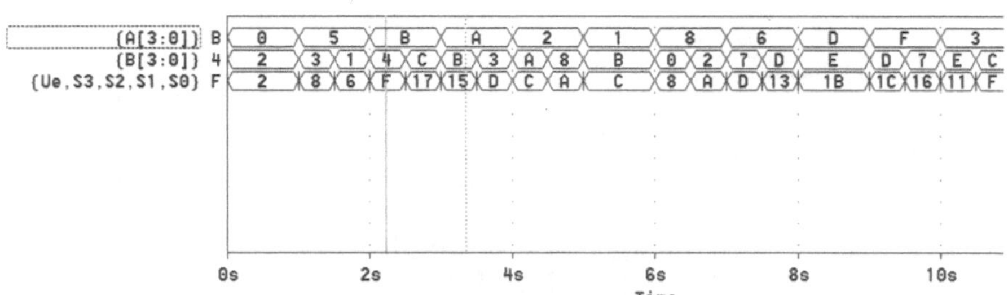

Abb.11.22.   Ergebnis der Simulation des 4-Bit-Volladdierers

Das Ergebnis läßt sich einfach interpretieren. Es werden die beiden Vierbit-Eingangsgrößen A und B addiert und die entstehende Summe angezeigt.

Bei der ersten Cursorlinie werden addiert:

A + B = Bh + 4 = 11

(Dez.-Wert von Hexzahl B = 11) + 4 = 15 = Hexzahl F

Das angehängte h soll andeuten, daß es sich um eine Hexadezimalzahl handelt.

Bei der zweiten Cursorlinie werden addiert:

A + B = Ah + Bh = 10

(Dez.-Wert von Hexzahl A = 10)

+ 11 (= Dez.-Wert von Hexzahl B) = 21 = 16 +5 = 15H.

12 Übungen

Bei den folgenden Übungen werden nur Aufgabenstellung und Ergebnisse angegeben. Zu allen Schaltungen und Lösungen sind die zugehörigen Dateien auf der CD-ROM beigefügt (im Verzeichnis EVALDAT), so daß der Lösungsweg in einfacher Weise nachvollziehbar ist. Alle Schaltungen liegen nur in US-Norm vor. Sollten Sie mit diesen Dateien arbeiten, so muß die Library **Eval.slb** eingebunden sein.

12.1 Übung 1: Untersuchung eines Frequenzteilers

Es ist ein Frequenzteiler 1:3 zu entwickeln, der aus JK-Flipflops (7473) besteht.

Geben Sie die Schaltung einschließlich der Label und Stimuli an, führen Sie die Simulation durch und überprüfen Sie die Funktionsweise anhand des zugehörigen Zeitliniendiagrammes.

Hinweis: Um keine undefinierten Ausgangszustände zu erhalten, muß entweder der CLR-Eingang der Flipflops mit einem Low-Impuls versehen werden, oder es wird unter **Analysis>>Setup...** auf **Digital Setup** geklickt, um im Feld Flip-flop Initialization statt des undefinierten Anfangszustandes All X **All 0** zu markieren.

Die Lösung könnte wie folgt aussehen: (Dateien FREQT3.* auf der CD)

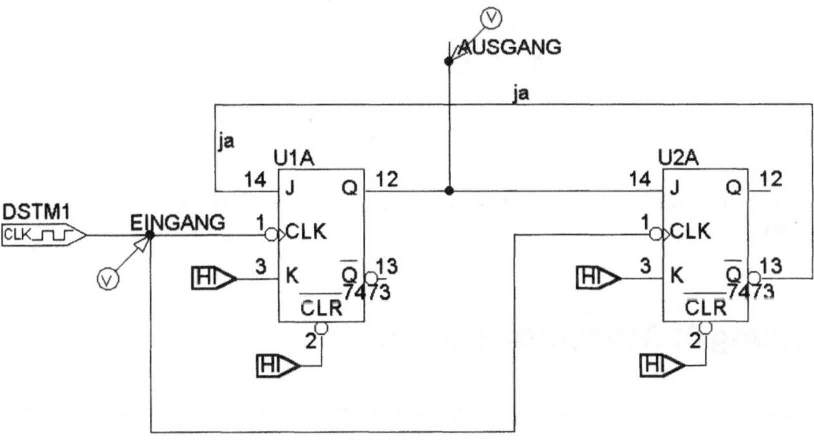

Abb. 12.1. Schaltung eines Frequenzteilers 1:3

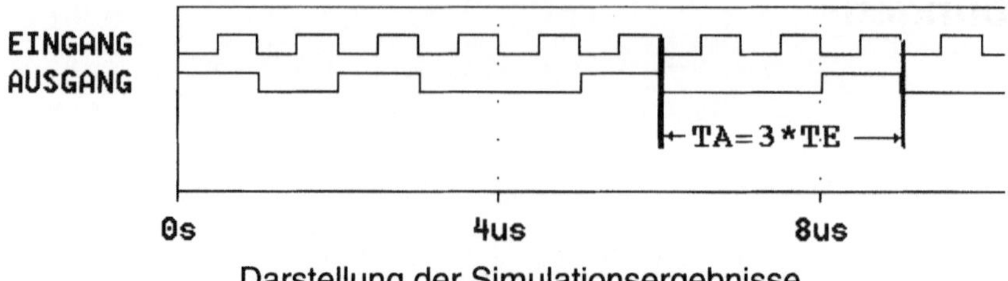

Darstellung der Simulationsergebnisse

Abb. 12.2. Schaltung und Zeitliniendiagramm des Frequenzteilers 1:3

12.2 Übung 2: Synchroner Zähler

Gegeben ist die folgende Schaltung eines synchronen Zählers, der im 8-4-2-1-Code arbeitet.

Untersuchen Sie diesen Zähler und stellen Sie das Zeitliniendiagramm dar. (Dateien SYNCH10C.*)

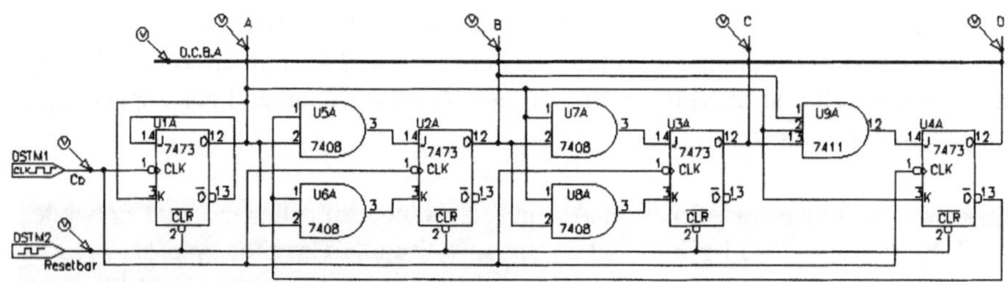

Abb. 12.3. Schaltung des gegebenen synchronen Zählers

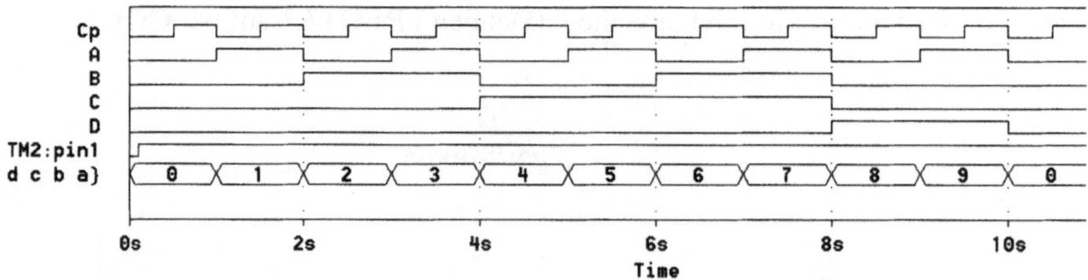

Abb. 12.4. Ergebnis der Simulation: Wie klar zu erkennen ist, zählt der Zähler von 0 bis 9, er hat also 10 Stellungen.

12.3 Übung 3: Asynchroner Zähler

Gegeben ist die folgende Schaltung eines asynchronen Zählers mit **Rückstellung**, der ebenfalls im 8-4-2-1-Code arbeitet.

Untersuchen Sie diesen Zähler und stellen Sie das Zeitliniendiagramm dar.

Schauen Sie sich die auftretenden Verzögerungszeiten an.
(Dateien ASYNCHR.*)

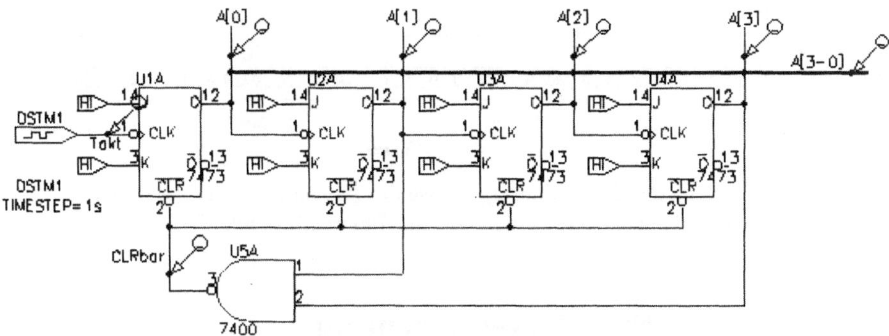

Abb. 12.5. Asynchronzähler durch Rückstellung

 Sollen Zeitdifferenzen ermittelt werden, empfiehlt es sich dabei, auf die Cursorfunktion zuzugreifen.

Bei Aufruf von ***Tools>>Cursor>>Display*** werden immer zwei Cursor eingeblendet, die am Anfang der Zeitachse stehen und sich zunächst beide auf das erste (oberste) Signal beziehen, was durch ein Rechteck um den gewählten Signalnamen gekennzeichnet wird. Der Cursor 1 und sein Markierungsrechteck ist fein gepunktet und wird mit der linken Maustaste bedient, Cursor 2 und das zugehörige Rechteck sind grob gepunktet und werden mit der rechten Maustaste bedient.

Um einen Cursor auf eine andere Kurve zu plazieren, wird mit der entsprechenden Maustaste auf die gewünschte Signalbezeichnung geklickt.

Bewegt wird der Cursor1 durch Klicken der linken Maustaste im Signalverlauffenster oder durch Verschieben der Maus (in x-Richtung) bei gedrückter linker Maustaste. Für Cursor2 wird die rechte Maustaste entsprechend betätigt.

Des weiteren stehen für digitale Kurven folgende Befehle für den zuletzt benutzten Cursor zur Verfügung:

 = *Next Transition* bringt den Cursor zum nächsten Zustandswechsel.

 = *Previous Transition* bringt den Cursor zum vorhergehenden Zustandswechsel.

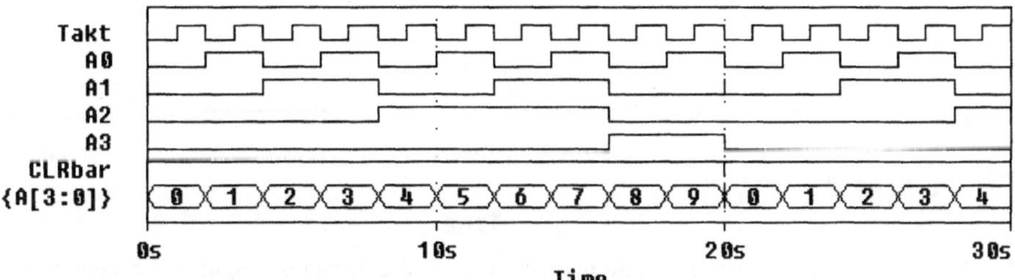

Abb.12.6. Darstellung der Simulationsergebnisse des Asynchronzählers bei einer Taktfrequenz von 0.5 Hz

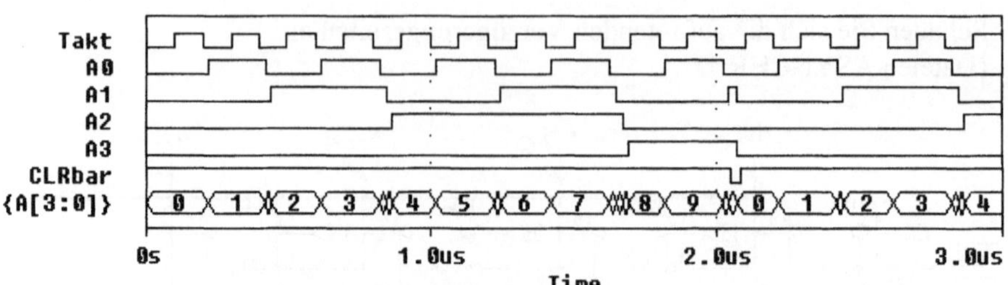

Abb. 12.7. Darstellung der Simulationsergebnisse des Asynchronzählers bei einer Taktfrequenz von 5 MHz – erkennbar sind auftretende undefinierte Zustände

12.4 Übung 4: Mixed Mode Schaltung

Die folgende digitale Schaltung enthält zusätzlich analoge Bauelemente (daher Mixed Mode). (Dateien VERKUERZ.*)

Achtung ! Hierbei ist in *Analysis Setup Bias Point* einzuschalten.

Die Untersuchung dürfte mit den vorhandenen Dateien keine Schwierigkeiten bereiten.

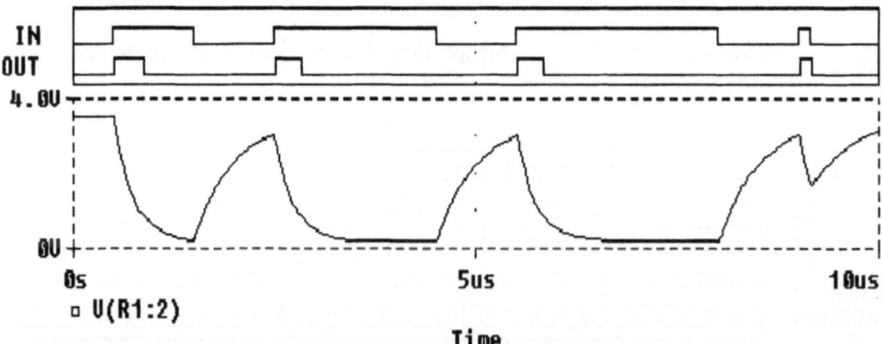

Schaltung zur Verkürzung digitaler Impulse

Abb. 12.8. Darstellung der Simulationsergebnisse – alle Eingangsimpulse die länger als 360ns sind, werden auf diesen Wert verkürzt

Anhang

Zuordnungstabelle der 74xx Bausteine:

(Primitive Class)

Gatter: US-Norm   DIN-Norm

Inverter: 7404

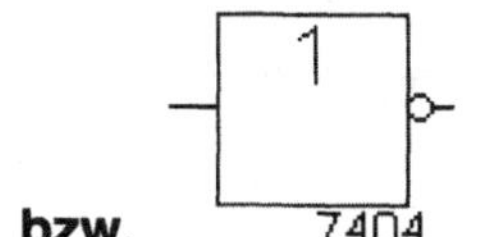

UND-Gatter:

2 Eingänge: 7408

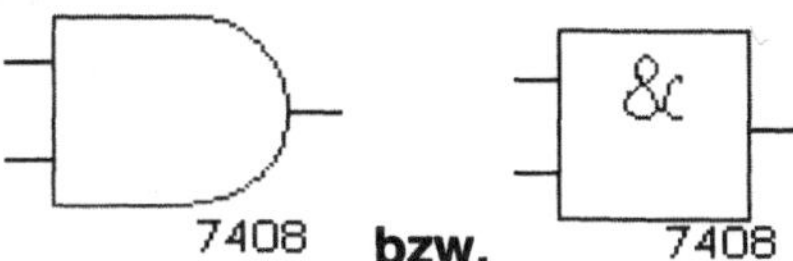

3 Eingänge: 7411

NAND-Gatter:

2 Eingänge: 7400

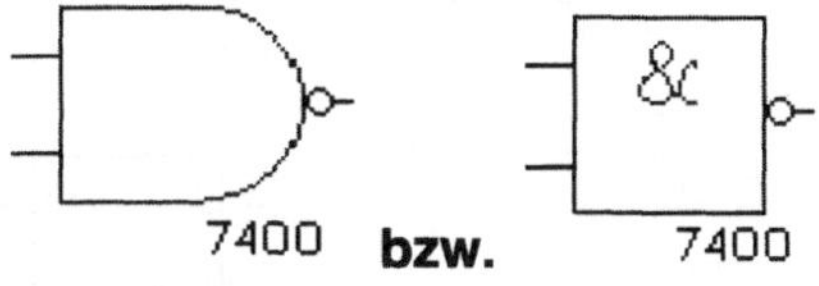

3 Eingänge: 7410   4 Eingänge: 7420   8 Eingänge: 7430

ODER-Gatter:

2 Eingänge: 7432

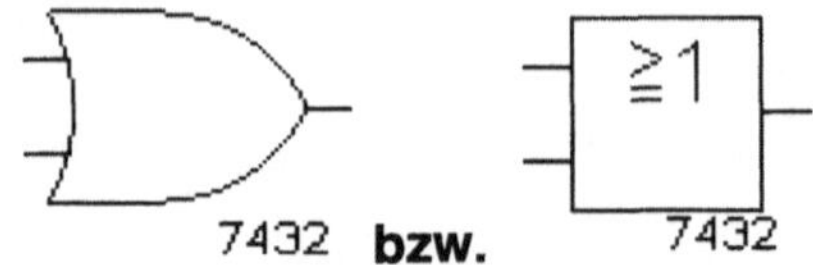

NOR-Gatter:

2 Eingänge: 7402

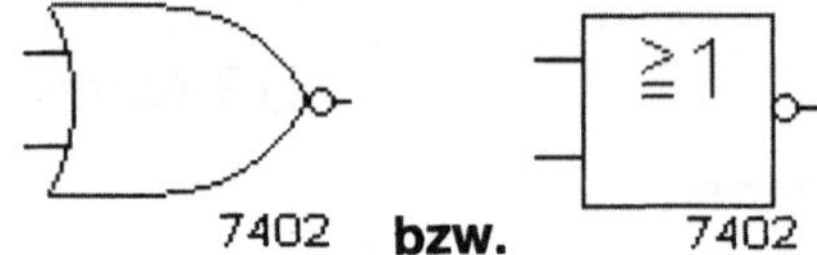

3 Eingänge: 7427

Exklusiv-ODER-Gatter:

2 Eingänge: 7486

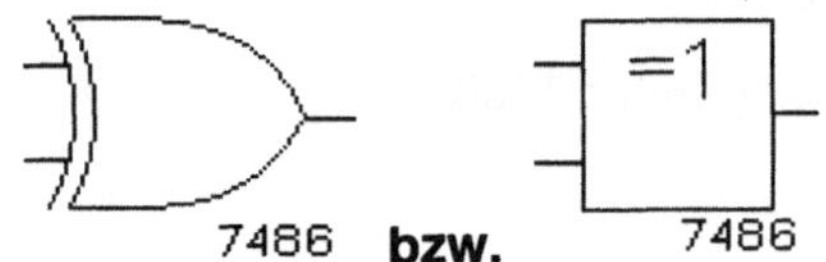

Flipflops

JK-Flipflop,

aktiv fallende Flanke:

7473, 7476

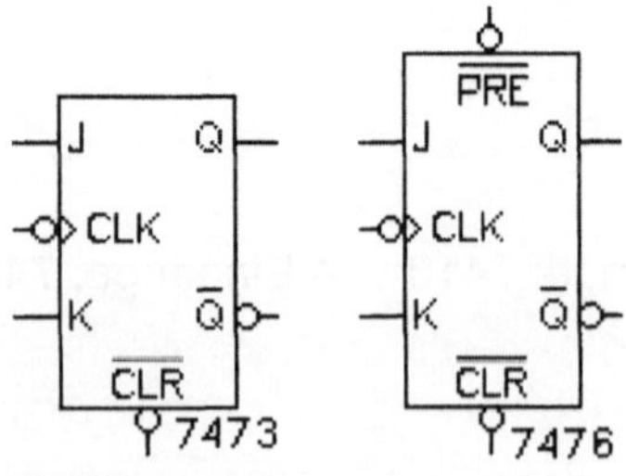

aktiv steigende Flanke:

74111, 74109

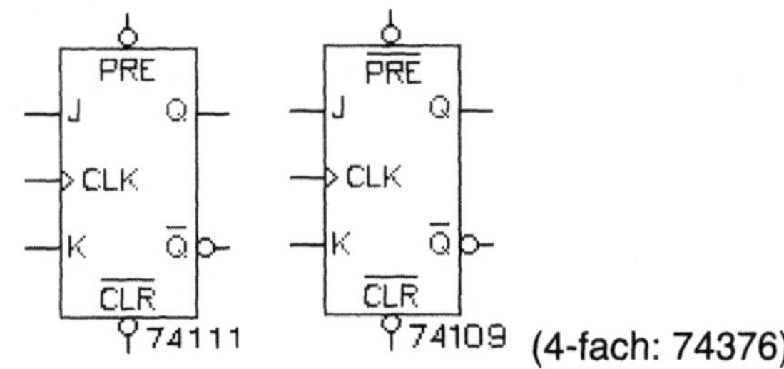

(4-fach: 74376)

D-Flipflop, aktiv steigende Flanke:

1-fach: 7474

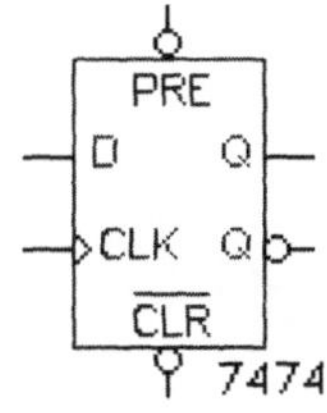

4-fach: 74175   6-fach: 74174   8-fach: 74273

SR-Flipflop:

74279

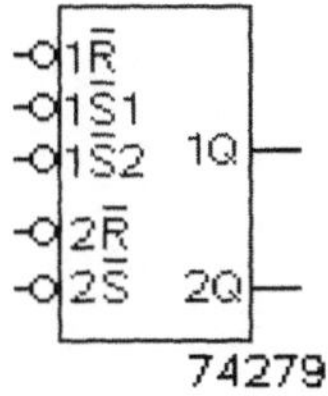

Literaturverzeichnis

Literaturangaben zum Lernprogramm Digitaltechnik

[1]   Bauder, Irene
        Borland Pascal 7.0 - Das Kompendium
        Markt & Technik Verlag, Haar bei München 1993

[2]   Beuth, Klaus
        Elektronik Bd. 4, Digitaltechnik
        Vogel Buchverlag, 7. Auflage, Würzburg 1990

[3]   Borland GmbH (Hrsg.)
        Borland Pascal mit Objekten 7.0, Handbücher des Programmpaketes
        München 1992

[4]   Buchheit, Marcellus
        Windows Programmierbuch
        Sybex-Verlag GmbH, Düsseldorf 1993

[5]   Dieterich, Ernst Wolfgang
        Turbo Assembler
        Oldenbourg Verlag, München, Wien 1991

[6]   Hoffmann, N.
        100 Grafik-Rezepte für Turbo Pascal unter Windows
        Vieweg Verlag, Braunschweig, Wiesbaden 1992

[7]   Hund, Martin
        Simulation des klassischen Von-Neumann-Rechners
        Diplomarbeit FH Wiesbaden März 1994

[8]   Jordan, Alexander
        Erstellung einer interaktiven Lernsoftware unter Windows
        Diplomarbeit FH Wiesbaden, März 1995

[9]   Kahlert, Jörg; Frank, Hubert
        Fuzzy-Logik und Fuzzy-Control
        Vieweg Verlag, Braunschweig/Wiesbaden, 1993

[10]   Lichtberger, Bernhard
          Praktische Digitaltechnik
          Hüthig Buch Verlag, 2. Auflage, Heidelberg 1992

[11]   Monadjemi, Peter
          PC-Programmierung in Maschinensprache
          Markt & Technik Verlag, Haar bei München 1991

[12]   Morgenstern, Bodo
          Elektronik Bd. 3, Digitale Schaltungen und Systeme
          Vieweg Verlag, Braunschweig, Wiesbaden 1992

[13]   Neuhaus, Thomas
          Entwicklung von Lernsoftware Teil 2
          Diplomarbeit FH Wiesbaden, August 1994

[14]   Pernards, Peter
          Digitaltechnik
          Hüthig Buch Verlag, 3. Auflage, Heidelberg 1992

[15]   Pernards, Peter
          Digitaltechnik II , Einführung in die Schaltwerke
          Hüthig Buch Verlag, Heidelberg 1995

[16]   Podschun, Trutz Eyke
          Das Assembler-Buch
          Addison-Wesley Publishing Company 1995

[17]   Schaller, Georg; Nüchel, Wilhelm
          Nachrichtenverarbeitung Bd. 2, Entwurf digitaler Schaltwerke
          B. G. Teubner, 4.Auflage, Stuttgart 1987

[18]   Scharfenberger, M (Hrsg.)
          Toolbox, Ausgabe 4/94 „Pascal lernt das Rechnen"
          DMV-Verlag 1994

[19]   Söhngen, Michael
          Lernprogramm Digitaltechnik
          Diplomarbeit FH Wiesbaden April 1995

[20]   Stierstorfer, Jörg
          Erstellung einer Oberfläche unter Windows 3.1 zur Simulation eines einfachen
          Fuzzy-Systems
          Diplomarbeit FH Wiesbaden, April 1996

[21]   Traeger, Dirk H.
          Einführung in die Fuzzy-Logik
          B. G. Teubner, Stuttgart 1993

[22]   Ulbricht, Wolfgang,
Entwicklung von Lernsoftware Teil 1
Diplomarbeit FH Wiesbaden, August 1994

[23]   Zabel, Michael
PC im Mac-Look
OS International Ausgabe 4/94

Literaturangaben zum DesignLab

[1]   Bursian, Andreas
Das Design Center mit PSpice
Thomatronik Herbert M. Müller GmbH Rosenheim 1994

[2]   Clemens, Achim
Simulation digitaler Schaltungen mittels Software
Diplomarbeit FH Wiesbaden, Mai 1996

[3]   Duyan/Hahnloser/Traeger
Design Center PSpice für Windows
B. G. Teubner, Stuttgart 1994

[4]   MicroSim Corporation (Hrsg.)
The Design Center Circuit Analysis User's Guide
Fairbanks, USA, 1993

[5]   Santen, Martin
Das PSPICE Design Center 6.1 Arbeitsbuch
Fächer Verlag Frank Hoschar und Klaus Pontius GdbR Karlsruhe 1994

[6]   Santen, Martin
Das Design Center Arbeitsbuch zur Schaltungssimulation
Hoschar Systemelektronik GmbH Karlsruhe 1993

HOSCHAR
EDA-Katalog
GRATIS!
Der Hoschar
EDA-Katalog
mit CD-ROM
Elektronik
intelligenter entwickeln...
CAPTURE
OrCAD
2.495,-*
NT/95
EDA
4.4